CREO EN EL AMOR

Un relato autobiográfico de mis vivencias como fraile, sacerdote, psicólogo y esposo

Giovanni R. Esquivel Ph. D.

Publicado por Ibukku
www.ibukku.com
Diseño y maquetación: Índigo Estudio Gráfico

ISBN Paperback: 978-1-64086-758-1
ISBN eBook: 978-1-64086-759-8

Índice

Agradecimientos

En primer lugar, quiero agradecer al Dador de todo bien, porque Él es y ha sido mi fuente de inspiración en todo lo que soy y lo que hago. Él es el Amor de los amores.

En segundo lugar, deseo agradecer a toda mi familia, mis padres Dagoberto y Emilce, mis hermanos: Mayra, Manrique, Hermes, Róger, Alexis y Jinneth. Por su apoyo incondicional no sólo en este proyecto sino a lo largo de toda mi vida. Gracias por sus oraciones y cuidados amorosos.

Un agradecimiento muy especial a mi compañera de camino Milly, como cariñosamente le llamamos todos los que somos emocionalmente cercanos a ella. Por abrir su corazón y compartir su vida haciendo camino al andar. Es una de las personas que más me ha motivado y ayudado para que este libro se convierta en una realidad. Sin su apoyo genuino no hubiese podido completar este proyecto.

También quiero agradecer a todas aquellas personas especiales que me han apoyado durante el transcurso de mi vida y de mis decisiones, su colaboración ha permitido realizar mis sueños.

Deseo reconocer la importante contribución en la edición del libro a mi hermano, el Lic. Róger R. E., al Dr. Álvaro Pérez Núñez, así como la Lic. Vilma Rojas Porras, gracias Profe!. Agradezco su tiempo y aporte, así como su disponibilidad y acertadas recomendaciones para que esta obra llegara a feliz término.

Finalmente quiero expresar mi agradecimiento a todos mis formadores por darme las herramientas necesarias para integrar los tres aspectos fundamentales de la vida: cuerpo, mente y espíritu, así como inspirarme a llevar una vida de servicio y entrega a los demás.

Prólogo

Por la Dra. Militza Esquivel

Cuando Giovanni me preguntó sobre la posibilidad de escribir el prólogo de su libro, me invadió una emoción muy grande y me hizo remontarme al momento cuando le conocí, por casualidad, un día que visité la Montaña Santa donde él dirigía el Santuario, pero yo no sabía mucho del lugar ni de las personas que trabajaban ahí. Yo estaba en mi propia búsqueda, en ese tiempo estaba muy enfocada en mis estudios, no tenía interés en el placer, poder o dinero que son parte de los distractores más grandes cuando estamos en búsqueda de la felicidad.

Lo conocí en una tarde mientras caminaba y meditaba por las hermosas veredas de la Montaña Santa. Aquella era una tarde con un clima muy agradable, no hacía frío ni calor. Llevaba un suéter delgado apenas para abrigar mi cuerpo y protegerme de la ligera brisa que a veces suele aparecer. Esa misma brisa fresca era la que acariciaba mi rostro aquella tarde después que el cálido sol comenzaba a descender y sus rayos comenzaban a desaparecer. Estaba en búsqueda de Dios, en búsqueda de una mayor espiritualidad, deseaba encontrar un sentido más profundo a mi vida. Descubrir el propósito de mi existencia para luego desgastarme por ello.

Giovanni era un caminante más de las personas que andaban recorriendo los parajes esa tarde en la montaña. Los predios de la Montaña Santa cuentan con unos senderos hermosos que se internan en el bosque tropical lluvioso Carite. Un lugar privilegiado y de mucha bendición. Solo con el caminar, el respirar, el observar, no necesitas llevar libro, no necesitas guía, ya que la presencia de Dios se siente de forma viva en ese lugar. Puedes caminar y meditar sin sentirte solo. Por un lado, toda la naturaleza te grita y manifiesta sus bondades, así como la armonía del lugar. Y por otro, no es raro encontrar a otros caminantes; aquel sábado en la tarde Giovanni fue uno de ellos, quien solo me saludó de lejos con una sonrisa y respetó mi espacio. Después supe que él era el rector del Santuario.

Este libro me ha vuelto a rememorar todos y cada uno de los últimos años que he vivido desde aquel día que lo conocí hasta hoy. Han pasado varios años desde aquel día. Han sido años de buena amistad. Varios años después se transformó en una espera paciente para que aquello que comenzó como una ilusión se tornara en una dulce realidad. Por eso, cuando este escrito llegó a mi correo electrónico con la petición expresa de escribir el prólogo, me embargaron un cúmulo de sentimientos que se fueron aclarando conforme fui leyendo cada página del libro. Tengo que reconocer que cuando encuentro un buen libro, no lo puedo dejar de leer y apenas me tomó tres horas y media para leerlo. Imposible despegarme de él y más cuando tenía la bendición de recibirlo justo antes de abordar un avión.

Esta obra es una creación que te transporta en el tiempo de una manera increíble que te hace sentir que estás más allá de un relato autobiográfico, que recorre parajes hermosos, que cuenta una historia inspiradora, que te llena de distintas emociones; pero más que todo te hace reflexionar sobre el sentido de la vida, para qué estamos en este mundo, cuál es el propósito que cada uno tenemos, cuán felices somos. Y, además, tiene un gran sentido crítico que te hace cuestionar algunos temas que quizás hasta hoy habían sido incuestionables.

Si alguna vez has estado en la búsqueda auténtica del amor, en la exploración genuina del sentido de la vida, de la felicidad, de lo que es esencial para vivir una vida más plena; te invito a hacerlo con la ayuda de esta obra, al leer o escucharlo puedes experimentar estas vivencias como tuyas o identificarte con algunas experiencias narradas en este libro. De verdad que una vez que empiezas a leer no puedes parar.

El autor en estos escritos narra y comparte historias de su vida que son toda una aventura y enseñanza. Lo describiría como uno de esos pocos seres humanos que se atreven a AMAR, que viven de una forma profunda y auténtica, como esas personas que han estado al borde de la muerte y la vida les da una segunda oportunidad. Como médico he tenido la oportunidad de estar en el nacimiento de muchos seres humanos, en esos momentos de gozo y alegría. Pero también he tenido el privilegio de estar ahí en el fin de la vida de muchos, he tenido la responsabilidad de acompañar personas en los momentos cruciales de los diagnósticos difíciles y en el ocaso de su vida.

Siempre hay algo especial en aquellos que la vida les ha dado una segunda oportunidad, para hacer un alto en el camino. Es el momento cuando la vida nos enseña nuestra fragilidad, en que nuestra mortalidad se manifiesta y nos muestra que la vida no consiste sólo en trabajar o hacer dinero y llenarnos de cosas materiales; sin dedicarle tiempo a lo que es importante como la familia y los amigos. Este libro te ayuda a valorar que la vida es mucho más, es sagrada, es frágil y muchas veces nos distraemos en ella. Quienes logran despertar a un mayor grado de conciencia y vivir esto en carne propia, quienes logran darse cuenta de esta realidad; viven diferente ya que establecen unas prioridades en su vida como lo plantea el autor de esta obra. No permiten que las superficialidades les afecten tanto y cultivan eso que es esencial, eso que realmente nos hace felices, eso a lo que estamos llamados a vivir.

Todo ser humano está llamado al amor. Por más que nos confunden con la definición del amor, el amor no es sólo eso que las canciones de los artistas románticos cantan con tanto sentimiento y pasión y luego al mes cambian de pareja, "por un nuevo amor". En estas vivencias narradas por Giovanni, puedes leer y contemplar un Amor profundo, más auténtico, menos achocolatado como él suele decir y más lleno de entrega, donación y pasión.

Al leer este libro y ser parte de estas vivencias, me identifico mucho porque yo también creo en el amor. Yo también creo en que el amor al final de los tiempos será lo que perdurará y lo que hará la diferencia en este mundo. Necesitamos un mundo con personas que también crean en el amor. Esas que se atrevan a amar hasta entregarse a plenitud. Esas que tengan la capacidad de notar cuando otros están usándolos, manipulandolos, aprovechándose y se atrevan a poner un alto. Ser bueno, no es ser pendejo. Este libro te lo muestra y te invita a ser valiente y si tú también crees en el amor, no dudes en luchar por él. Por ser perseverante y confiar que Dios está contigo, Dios es Amor y el que ama vive en el amor.

A modo de introducción

Les quiero presentar este testimonio directo con el deseo de que sea inspirador para todo aquel que lo quiera leer con mente abierta y corazón encendido por el amor.

Escribo este libro porque quisiera relatar mis vivencias con el deseo que ayude a los lectores a transformar sus vidas. No es solo contar mi historia, sino dar un testimonio que pudiera ayudar a otras personas en la toma de decisiones durante las distintas etapas que están viviendo, pero especialmente durante este tiempo especial que hoy llaman "pandemia" pero que también se puede ver como el tiempo propicio para realizar aquellos proyectos que están en nuestro corazón y que hemos ido postergando por distintas razones que inventamos muchas excusas o justificaciones para no realizarlas.

La intención principal de este escrito que hoy tienes frente a ti, es que te sirva de inspiración y te motive a hacer aquello que alguna vez consideraste imposible de realizar. Sin embargo, una parte de ti sabe que es posible hacerlo. No hay que tener temor de lanzarse a la aventura de transformar nuestra vida como aquel gusano que sueña convertirse en una mariposa; con la certeza de que libertad y vuelo vienen después de la metamorfosis.

El libro está organizado en siete capítulos; en el primero se relatan las vivencias de mi niñez y juventud en Costa Rica. Los sueños que de niño me inspiraron a vencer todas las pruebas y obstáculos que luego la vida me iría presentando hasta poder alcanzar la cima de la montaña. En el segundo se habla de mis vivencias como seminarista y religioso misionero en República Dominicana y Puerto Rico. Así como estudiante, primero, y luego, como profesor y decano de estudiantes en la Universidad. Termino este apartado, narrando las vivencias como Rector de la Montaña Santa.

El tercer capítulo plantea **la metamorfosis o transformación de la mente** y de "hacer posible lo imposible". En el cuarto se habla de la toma de decisiones que no es una tarea fácil, pero en algún determinado momento de nuestras vidas estamos llamados a hacer una sana toma de decisiones.

En el quinto capítulo se plantea el tema de la felicidad y el bienestar como algo posible de alcanzar. En el sexto se aborda el meollo del libro cuando se habla de **la metamorfosis del corazón** y se toca el tema del AMOR. Donde propongo "mi credo personal del amor" y explico que no hay ninguna contradicción entre estos tres amores: amor a Dios, amor al prójimo y amor a la pareja.

En el séptimo capítulo se habla de **la metamorfosis del espíritu.** Se plantea la opción viable de vivir una espiritualidad en nuestro tiempo. Y **a modo de conclusión** se aborda el interesante tópico de los cinco mayores arrepentimientos de la gente antes de morirse con mi aplicación personal. Cierro el libro con un apéndice titulado: Breve historia y vida del Santuario Virgen del Carmen (Montaña Santa). Para aquellos que estén interesados en conocer algo más de este maravilloso lugar.

Capítulo I
Los relatos de mi infancia y juventud

Inicio con una vivencia que tuve hace varios años, cuando estaba como Rector de un santuario en Puerto Rico y colaboraba con la formación de los servidores del altar. Un día cualquiera, estábamos ensayando algunas destrezas prácticas con el grupo de candidatos a ser monaguillos y esa tarde cuando estábamos iniciando la labor, una de las niñas me lanzó una pregunta curiosa: "Padre, usted tiene mamá", mi primera reacción fue soltar una carcajada espontánea, pero ante la cara de ingenuidad y desconcierto de la niña no me quedó otra opción que responderle la pregunta con toda naturalidad: "claro que tengo mamá, una igual que tú, sólo que más viejita".

Aquella ingenua pregunta de la niña me hizo reflexionar posteriormente, sobre otros asuntos más esenciales, por ejemplo: ¿Por qué aquella niña me planteó este interrogante? Lo primero que se me ocurrió pensar es que, con bastante frecuencia en algunas comunidades, se tiende a espiritualizar a los presbíteros a un grado tal de confundirlos con "ángeles que caminan entre nosotros".

Consciente de que algunas personas tienden a espiritualizar a los presbíteros por su ministerio y su función, así como por las vestimentas sagradas con que se revisten; aproveché la gran oportunidad que aquella niña me estaba brindando para agregar a lo que tenía preparado para la catequesis de ese día y hablarle un poco de mi historia y de mi familia origen. Lo hice a manera de relato para que no solamente los niños que estaban presentes lo entendieran sino también los adultos que ese día los acompañaban.

Comencé diciéndole que yo tenía una mamá igual que la suya y que también tenía un papá y unos hermanos al igual que ella. Este preciado recuerdo me lleva ahora a remontarme a mi infancia y contarles un poco más sobre mi querida familia de origen, pero antes déjame ponerte en contexto.

Revisitando el terruño

Por esas razones y sinrazones de la vida el día menos pensado regresé a Costa Rica a visitar a mis padres, a principios de marzo del 2020, tenía un día de haber llegado cuando se detectó el primer caso positivo de coronavirus en el país. Cada visita a mi querida tierra ha tenido distintos significados, esta ha sido una muy especial por eso te la cuento con detalles.

Cuando me bajé del avión en el aeropuerto de Liberia, ya mi hermano Manrique me estaba esperando con su carro y en poco más de una hora de camino llegamos a "mi pedacito de cielo" como le suelo llamar a mi querido "Cuipilapa". Así se llama mi pintoresco pueblo, a ese pequeño lugar que sigue igual que hace 30 años atrás, porque se mantiene como una burbuja congelada en el tiempo: las mismas casas y casi las mismas personas, la gente sigue viviendo ahí tal y como lo hacía en el siglo pasado en donde viví gratos recuerdos de mi niñez. Para apreciar este pequeño rincón ubicado en las faldas del Volcán Miravalles, solo basta subir a una de sus colinas que circundan ese valle y mirar el esplendor de sus campos, una tierra mágica llena de paisajes escénicos, parece una postal adornada de distintos matices de verde con su cancha de futbol, en el centro del lugar, a un costado se levanta la fulgurante capillita (templo católico), orgullo de mis compueblanos, del otro costado está la escuelita y el amplio salón comunal. En un extremo de la cancha pasa la carretera panorámica bordeando el frente del templo, el salón y la escuela, es la única y angosta carretera que cruza la cordillera del Miravalles; en el otro extremo, bordeando la cancha pasa una plácida quebrada (que en la época seca parece inofensiva, pero en la temporada lluviosa puede crecer insospechadamente).

Foto de la Iglesia de Cuipilapa.

La casa de mis padres está ubicada a un costado de la Iglesia, al entrar y cruzar el portón eléctrico, atraviesas el césped cuidadosamente recortado que está enfrente de la casa. Contemplo el jardín lleno de flores, a un costado una 'galera' con una hamaca que invita al descanso y dos hileras de matas adornan la entrada. En el fondo resalta la coqueta casita de mis viejos, detalladamente pintada con vivos colores. Llegar hasta ahí es toda una experiencia, porque varios kilómetros antes entras en contacto directo con una exuberante naturaleza. Cuando por fin llegué a mi destino y levanté la vista frente a la casa de mis padres o de aquel bello templo; pude contemplar en el horizonte azulado el imponente volcán Miravalles rodeado de su hermosa cordillera verde que recientemente fue declarado parque nacional de Costa Rica (4.300 hectáreas protegidas) y forma parte del amplio grupo de 32 parques nacionales[1] y una docena de reservas forestales que por años se han convertido en el mayor atractivo turístico (ecoturismo) del país, visitado por millones de extranjeros. Este nuevo parque contiene al Volcán Miravalles, el cual, está situado en el cantón de Bagaces, Guanacaste (Zona norte del país). El coloso del Miravalles tiene una altitud de 2.028 metros sobre el nivel del mar y es la cumbre más alta de la Cordillera Volcánica de Guanacaste.

De este pequeño rincón se han dicho muchas galanterías como las que expresó el periodista Camilo Rodríguez[2], cuando por prime-

1 https://www.costarica.org/es/parques-nacionales/

2 https://www.facebook.com/camilorodriguezenlostemplos2019/posts/554066101977009

ra vez conoció mi terruño y quedó prendado del lugar: "Cuipilapa es mi novia, pocos lugares me generan tanta alegría para el espíritu como Cuipilapa. Cuipilapa debería llamarse un libro de poemas o de cuentos". Unos años después, en otro escrito[3] agrega: -"En Cuipilapa, Dios tiene una área para acampar. No le gustan los hoteles... Dios viene a comerse el paisaje con los ojos. Dios viene a Cuipilapa cuando ya no da más. En Cuipilapa, con cada atardecer, en su tiempo de vacaciones. Dios llega a la altura de Guanacaste a cargar las pilas... Con nada, ahí está el cielo y no nos dábamos cuenta".

Si así se expresa alguien que sólo es un visitante, ahora imagínese alguien que creció y corrió de niño por estos parajes cuando ni siquiera había carretera pavimentada. Cada vez que regreso es como regresar a casa. Ciertamente es un lugar como sacado de un libro de cuentos, donde sobresale la hermosísima capilla católica, para muchos al igual que Camilo Rodríguez, es la más bella de todo Guanacaste, y una de las más hermosas de toda Costa Rica, no solo por su arquitectura y su paisaje sino por su gente, esa gente labriega y sencilla, que la cuida con esmero. Camilo, hoy quiero decirte que este, también es mi oasis de paz, cada vez que regreso a mi tierra de vacaciones, ahí es donde puedo descansar. Doy gracias a Dios porque todavía quedan algunos rincones preservados en el tiempo en mi amada Costa Rica.

No es casualidad, cada vez que regreso a mi terruño encontrarme con personas entrañables, labriegas y sencillas que habitan en este pedazo de cielo en la tierra. No tenía muchos días de estar acompañando a mis padres en tiempos del coronavirus (Covid-19), una tarde soleada estaba en la galera ubicada frente a la casa de mis padres, cuando recibí la grata visita de mi entrañable amiga Brenda, aquella compañera del colegio con la cual compartimos sueños y esperanzas cuando cursábamos la secundaria. Ella es de aquellas personas que no importa cuánto tiempo haya pasado sin comunicarnos, sigue siendo la misma amiga de siempre. Cuando te la encuentras nada de

3 https://www.facebook.com/escritorcamilorodriguez/posts/977806342336416/

reclamos ni reprimendas. Nada más verla y te abre los brazos para abrazarte con la calidez del que nunca se fue ni se separó por unos años o unos kilómetros de distancia.

Después de los saludos respectivos, ella me contó un poco de su vida; actualmente Brenda tiene tres hijos, dos chicas y un varón. Cuenta que actualmente los tres siguen estudiando, la mayor ya está graduándose en la Universidad, mientras el más pequeño está en la secundaria. Anecdóticamente dice que concluyó sus estudios de periodismo, pero no trabaja en su área de preparación, sino que atiende un negocio familiar y lleva una vida muy atareada entre sus quehaceres familiares y su trabajo.

Con su sonrisa franca y natural, Brenda me preguntó, ¿qué hay de tu vida Giovanni? Hice una pausa como quien no quiere revelar su historia, pero es casi imposible no hacerlo ante tanto cariño y comprensión. Por eso pensé, no hay nada más sanador que compartir sinceramente tu historia; es la mejor forma de comunicación que existe. Sin más dilaciones comencé a narrarle mi historia (se me ponen los pelos de punta el saber que no solo mi amiga Brenda sino también muchas personas van a tener acceso a mi historia), pero también, sé muy bien que hay historias que merecen ser contadas y yo estoy dispuesto a compartir la mía porque comprendo que aunque para algunas personas pudiera sonar chocante, a otras les va a hacer mucho bien y les va a ayudar en la toma de sus decisiones. Esto lo hago convencido de que las historias de vida son capaces de inspirar, transmitir emociones, sentimientos, enseñanzas... espero que también esta historia sea inspiradora para ti que la lees o la escuchas.

Luego de otra pausa le dije: -te cuento que por años no hubo muchas novedades, pero ahora si las tengo: durante los últimos tres años he estado en una etapa de transición. Ella casi sin pestañear repite: -de transición, ¿Cómo así? Pausadamente le respondí, es una hermosa historia, te acuerdas cuando abracé la vida misionera recién cumplidos los 20s. Eran un joven despierto con ganas de "comerme" el mundo, transformarlo, especialmente cambiar las injusticias sociales por oportunidades para los más necesitados. Sin embargo, a los pocos días descubrí que para ello necesitaba preparación; pues te cuento que los primeros dos años fueron de formación inicial aquí en mi natal Costa Rica. Pero después la vida me llevó a lugares jamás imaginados, de tal modo que más de la mitad de mi vida la he pasado residiendo fuera de esta bendita tierra que me vio nacer.

Brenda con los ojos brillantes y vocación de periodista, me replicó: "quisiera conocer tus novedades, pero primero cuéntame cómo fue ese proceso de dejar la familia, los amigos, tu pueblo para abrazar la vida misionera, porque mi hija menor está contemplando esa opción y frecuentemente me habla de irse de misionera".

Le respondí sin dilación, hubo dos momentos relevantes en esa estancia de mi vida. El primero, fue responder al llamado a vivir una nueva experiencia de servicio; inspirado por un par de biografías de santos que habían caído en mis manos y había leído con voracidad. Además, sabía que otros dos jóvenes de mi colegio ya se habían marchado de misioneros y en ese momento uno se encontraba en España haciendo la primera etapa de formación y el otro en un seminario en San José, Costa Rica. Nunca había hablado con ellos, pero también me sentía inspirado a dejar casa, familia, amigos, etc. para abrazar aquel estilo de vida tan radical y diferente al que hasta ese momento había vivido.

Pero no todo es inspiración y color de rosa, todavía recuerdo aquel segundo momento cuando llegó el día de marcharme al seminario, era un domingo por la tarde. Cuando estaba esperando el vehículo que me llevaría al seminario, un cúmulo de emociones inundaron mi corazón.

Cómo olvidar aquel torbellino de sentimientos encontrados que embargaban mi alma, ya me había despedido de mi familia y me senté junto a mi maleta a contemplar todo a mi alrededor. Me entró un sentimiento de nostalgia tan grande porque sentía que algo se me desgarraba por dentro, por un buen tiempo no volvería a ver a mis padres, hermanos, hermanas, amigos, etc. Con lágrimas en los ojos eché una mirada a través de la ventana de cristal del vehículo que se alejaba de todo aquello que me resultaba tan familiar para abrirme a lo nuevo.

Luego ahondé más sobre ese primer gran paso, los primeros días en el seminario fueron muy difíciles porque era adaptarse a un nuevo ritmo de vida más reglamentado para alguien que siempre había vivido libre como el viento sin mayores ataduras. Todo estaba regido por un estricto horario que había que cumplir durante la semana, en el fin de semana era un poco más relajado.

Recuerdo ese primer fin de semana, miraba a través de la ventana la amplia entrada del convento y sólo sentía deseos de regresar a mi pueblo y encontrarme con mi gente. Pero en mi interior me decía a mí mismo yo estoy aquí por mi propia voluntad y como siempre me ha gustado vencer los desafíos, a pesar de aquellas emociones y sentimientos encontrados, decidí dejarlos pasar a sabiendas que es normal que surjan cuando uno sale de su zona de confort y se enfrenta a una nueva realidad. Poco a poco me fui adaptando a aquel nuevo sistema de vida y unas semanas más tarde ya me sentía como pez en el agua.

Brenda me interrumpió y me dijo: "-pero después de 30 años estás de regreso y dices que tienes novedades, ¿cuáles son esas novedades?"

Respiré profundo y proseguí, recuerdo que le dije a Brenda: a veces la vida te coloca en una encrucijada en la que necesitas tomar grandes decisiones. La primera fue aquella cuando abracé la vida religiosa como fraile franciscano (Terciario Capuchino, porque hay varias congregaciones franciscanas), casi sin darme cuenta también abracé la espiritualidad desde muy joven. Lo que me permitió trabajar en una de las tareas más difíciles que un joven religioso se puede encontrar: específicamente en el rescate de los niños y los jóvenes desventajados y marginados tanto en República Dominicana como en Puerto Rico. Debido a las múltiples exigencias del trabajo con jóvenes víctimas de maltrato en Puerto Rico, comencé a estudiar Psicología Clínica para poder hacer frente a los retos y desafíos que cada uno de aquellos jóvenes me presentaba. Por más de 14 años serví a esa población desfavorecida "a jornal de gloria" es decir de manera gratuita y desinteresada ya que mi espíritu misionero así me lo indicaba.

Brenda al darse cuenta de que estaba haciendo un relato muy genérico y resumido, me dice, -detente, no vayas tan rápido, me encantaría saber con más detalles cada etapa de todo lo que has vivido durante los últimos 30 años de tu vida.

Luego agregué, a nivel personal, puedo hacer un parangón con lo que estamos viviendo a nivel global, estos meses anteriores y este tiempo ha sido un proceso de transformación (a un modo de vida completamente nuevo), ha sido también para mí de muchos cambios, estoy viviendo una especie de metamorfosis, como bien sabes, es el símil de la transformación biológica de la oruga que se reorganiza por completo con un resultado asombroso y se convierte en mariposa. También, este proceso de cambio es una metáfora de la trasformación que Dios puede realizar en cada uno de nosotros: la metamorfosis del corazón, la mente y el espíritu.

La metamorfosis: el capullo que se convierte en Mariposa

Mi apreciada Brenda, quisiera ilustrar mi proceso de transformación contándote una historia llamada "La metamorfosis del capullo y la mariposa" de un autor desconocido.

> "Cierto día un niño encontró un capullo y se lo llevó a su casa, quería observar cómo un gusano se convierte en mariposa y deseaba saber cómo aquella oruga lograría salir del capullo. Al día siguiente una pequeña abertura apareció en el capullo, el niño se sentó y observó por muchas horas

cómo la mariposa luchaba forzando su cuerpo para salir a través de la estrecha abertura del capullo.

Pasó la mañana, llegó la tarde y parecía que no había ningún progreso. Era como si la oruga no pudiera salir por aquella estrecha abertura. Estaba atascada. El chico se cansó de esperar y movido por su bondad decidió ayudar a salir a la mariposa. Tomó unas tijeras y cortó lo que faltaba para que saliera el pequeño cuerpo de la mariposa. Y así fue, la mariposa salió fácilmente.

Pero el niño observó que el cuerpo era pequeño y retorcido, y las alas estaban arrugadas. Continuó observándola en espera de que en cualquier momento la mariposa estirara las alas, pero nada pasaba. De hecho, la mariposa pasó varias horas arrastrándose en su retorcido cuerpo, sin poder volar.

Como el niño no entendió por qué la mariposa no podía volar, al anochecer cuando llegó su papá que era experto en la materia; le preguntó por qué aquella mariposa no podía volar. Este muy amablemente se sentó y le explicó que a veces hacemos cosas con muy buena intención, pero movidos por la urgencia, como lo que él había querido hacer con las tijeras. Pero al acelerar el proceso de aquel pequeño capullo, también le había privado de la lucha requerida para salir del pequeño agujero. Esto fue muy nocivo para la mariposa porque esta es la manera en que la naturaleza les permite a estos insectos inyectar fluidos desde su cuerpo hacia las alas, de modo que así fortalecen sus alas y se preparan para volar con toda libertad. El papá dulcemente terminó diciéndole a su hijo, libertad y vuelo sólo vendrán después de esta intensa lucha. Si privamos a la mariposa de la lucha y el esfuerzo, también le vamos a privar de su vuelo y su libertad".

Luego en tono reflexivo le dije a Brenda: -El propósito de este cuento es el de ayudarnos a entender el proceso de transformación que cada uno vivimos, en este aspecto he aprendido que, en los momentos más duros, cuando sientes que se te cierran los caminos, cuando no se ven las soluciones, cuando todo se oscurece, es el momento de los grandes cambios, el momento de pararse y reinventarse. Esto nos ayuda a tejer nuestra crisálida para empezar la metamorfosis de nuestro ser; algunas veces nos resistimos a sufrir luchas y aflicciones, no obstante, esto es exactamente lo que necesitamos en nuestras vidas. Si Dios nos permite ir por nuestra vida sin obstáculos y sin vencer las barreras que se nos presentan a cada paso del camino; esto podría lisiarnos de por vida. No adquiriríamos las fortalezas que necesitamos para vencer los retos que se nos presentan.

La transformación a veces se torna dolorosa, la oruga no se convierte en mariposa sin que antes no haya sufrido como oruga su metamorfosis. Tenemos que ser conscientes que a veces las transformaciones duelen, pero una vez que cambiamos nos damos cuenta de que el proceso era necesario y valió la pena.

Brenda muy interesada me dijo cuéntame cómo has podido vencer los obstáculos y lograr esa transformación, a lo que respondí: -mi historia es una extensa metamorfosis que ha ocurrido a lo largo de 30 años. Brenda con gran interés se acomoda en la silla y afirma con la cabeza, como alguien que no quiere perderse ningún detalle, inmediatamente me replicó: -hoy tengo todo el tiempo del mundo para escuchar tu historia completa. Yo le menciono que mis experiencias desde niño han sido múltiples y muy variadas. Luego añado, voy a comenzar contándote algo que me marcó desde niño con todo lo que tiene que ver con vencer obstáculos; fue algo que me ocurrió siendo muy pequeño y que muy pocos conocen esa parte de mi vida. Ella asintió con la cabeza y yo comencé mi relato.

Una experiencia significativa de mi niñez

A los 8 años tuve lo que hoy llamaría "mi primera experiencia espiritual" que, por diversos motivos como la vergüenza, una cuota de inmadurez y otra de timidez, nunca quise compartir con nadie ya que pensé que no me iban a creer y menos entender, por eso toda la infancia y juventud la guardé como un tesoro en mi corazón hasta el sol de hoy (de este evento sólo lo saben parcialmente mis familiares más cercanos). Recuerdo que un buen día mis hermanos mayores se fueron a la escuela, por alguna razón no tenía clases y me fui a explorar un sembradío de "cuadrados" que había al otro lado de una pequeña quebrada (riachuelo) cercano a mi casa. Era terreno conocido porque por ahí pasaba un camino que servía de atajo o atrecho para ir a la casa de mi abuela materna.

Como era un niño muy curioso y observador, al llegar al sembradío me fui detrás de una hermosa mariposa que volaba de mata en mata y así pasaron varios minutos hasta que llegué a un árbol de limón dulce o lima. Como todo niño busqué algunos frutos maduros y como pude los pelé y me los comí. Ahí me dio sueño y como niño pequeño me quedé dormido debajo del árbol, a tal grado que no escuché las voces de mis hermanos y demás familiares que me buscaban y me llamaban porque según ellos me había perdido.

Sólo recuerdo que ese día tuve lo que por mucho tiempo pensé que fue sólo un "sueño" o una experiencia difícil de entender a mi corta edad: recuerdo haber recibido la visita de una hermosa mujer envuelta de luz que con voz dulce me dijo que la acompañara a dar un paseo con ella y me tomó de la mano y me llevó a un hermoso lugar que parecía una especie de jardín, cruzamos aquel jardín repleto de flores de distintas especies y luego transitamos por un sendero en medio de árboles altos que nos daban sombra mientras disfrutábamos de aquella caminata. Luego la mujer me dijo: -"ves esa hermosa montaña. Esa montaña representa tu futuro". Con ojos de incredulidad sólo me atreví a levantar la mirada, en la distancia podía apreciar la montaña que se erguía delante de mí.

La Señora me dijo: "está lleno de esperanzas, sueños y retos". No debes esperar para subir esa montaña porque eso te traerá paz y serenidad. Mientras caminaba a través de aquella hermosa arboleda por un angosto camino nos encontramos con una gran cantidad de rocas (piedras) a la orilla del camino hasta que llegamos a un lugar que había tantas piedras acumuladas que tapaban el camino y no podíamos avanzar. La mujer me dijo: -"ves la cima de aquella montaña, no puedes llegar hasta allá por ese montón de piedras que están en tu camino".

Como la miré sin entender lo que me estaba diciendo, ella me explicó: -"todas esas piedras que ves en tu camino representan todas las dificultades que te vas a encontrar a lo largo de tu vida. Cada piedra representa los diferentes tropiezos, caídas, barreras, zancadillas, decepciones, fracasos que te van a pasar y que son todas las situaciones que necesitas superar para llegar a la cima de la montaña. Para deshacerte de cada una de esas dificultades, debes arrojar cada piedra al río" y me mostró en la parte de abajo la pequeña quebrada llena de piedras que unas horas antes había cruzado.

Luego con una dulce voz me dijo: -"tira todas esas piedras al río". Yo le dije: -soy muy pequeño y las piedras son muchas, creo que no voy a poder tirarlas todas. Ella me respondió suavemente: "no te rindas, empieza una a una que yo estaré siempre a tu lado; míralas desaparecer en el fondo del río". Recuerdo que ante aquella petición comencé a lanzar piedras al fondo del barranco donde estaba el pequeño riachuelo. Cada vez que tiraba una piedra escuchaba aquella voz animándome: "Giovanni sigue tirando las piedras, elimínalas todas de tu camino, simplemente arrójalas lejos".

Conforme iba tirando cada piedra sentía como si las barreras para llegar a la cima de la montaña iban desapareciendo. Poco a poco me iba deshaciendo de aquella pila de piedras. Mientras lo hacía seguía escuchando aquella dulce voz que me animaba: "Sigue tirando cada piedra hasta que no queden obstáculos en tu camino; así es, sigue lanzándolas lejos". Recuerdo que cuando arrojé la última piedra al río, sentí que me había quitado un gran peso de encima.

Luego aquella mujer me dijo "ahora puedes caminar hacia adelante, más allá de donde una vez estuvo ese muro de piedras. Ahora dirígete hacia la montaña". Mientras lo hacía sentía una cálida y acogedora sensación de bienestar mientras caminaba a lo largo de aquel hermoso paraje hacia la montaña.

Luego la misteriosa mujer llena de luz me dijo: "Ahora si vas a poder llegar a la cima de la montaña porque la montaña representa todos tus sueños y sabes que pronto lograrás tus sueños y que serás una persona muy exitosa en todo lo que emprendas. Todos tus proyectos los terminarás porque eres perseverante, inteligente y muy capaz". Luego "desperté" de aquel hermoso sueño que hasta el día de hoy lo recuerdo con gran nitidez. Me hubiese gustado llegar al pico de la montaña y poder mirar todo el horizonte, pero esto no ocurrió.

Por años y años no comprendí aquella experiencia premonitoria, solo algunos indicios me confirmaban que así sería, cuando algo se perdía casi siempre era el afortunado de encontrarlo. Sentía que tenía suerte para sacarme el premio en las rifas o en los juegos de azar como las cartas y otros, sólo de adolescente le presté atención a esas cuestiones.

A esta singular experiencia infantil le podría dar varias explicaciones, la principal ha sido que durante los años posteriores el recuerdo de aquella experiencia me llevó a superar cada barrera u obstáculo que se me fue presentado, haciendo posible lo que a veces parecía imposible. Sin embargo, para mis hermanos mayores y algún otro familiar cercano solamente me habían robado los "duendes o nomos" y me habían devuelto. Recuerdo que, de regreso a casa, ya casi oscureciendo, me encontré con mi tía Benilda que me dijo que todos me andaban buscando y me acompañó hasta mi casa donde mi madre, que con lágrimas en los ojos me recibió con un fuerte abrazo y mis hermanos se alegraron mucho de verme de nuevo.

Fui creciendo y conforme lo hacía se me hacía más difícil compartir aquella hermosa experiencia que atesoraba en mi corazón.

Años más tarde cuando alguno de mis familiares cercanos me preguntó sobre aquel evento lo único que hice fue evadir el tema y les cambiaba la conversación.

Brenda con mucho entusiasmo agregó, sabes que nunca me contaste cómo fue tu infancia antes de entrar al colegio, porque yo te conocí cuando entraste al colegio, pero hoy quisiera conocer esa otra parte de tu historia. Haciendo una pausa decidí relatarle ese periodo de mi infancia.

Como bien conoces, nací en el seno de una familia labriega y sencilla, tradicionalmente católica. Hoy diríamos que es una familia numerosa (7), pero para aquella época no lo éramos tanto, ya que había muchas familias con más hijos que la nuestra. Crecí arropado por mis hermanos, suelo decir que fui "como la virtud, el del medio", una mujer y dos varones mayores, dos varones y una mujer menores. Mi madre fue la típica tica ama de casa, consagrada a la crianza de sus hijos e hijas; a mi padre lo recuerdo siempre como un hombre muy trabajador, de niño lo recuerdo multiplicarse para atender un negocio que tenía (pulpería o colmado) y sus actividades agropecuarias. Hasta el sol de hoy sigue madrugando y trabajando a sus 88 años, a un ritmo que me impresiona y a veces creo que él se siente con algunas décadas menos. En cambio, mi madre ya camina lento y a un ritmo más pausado, sin embargo, sigue haciendo todas las tareas hogareñas sin ninguna ayuda a sus 84 años.

Mis vivencias en la primaria y secundaria

Nací y crecí cerca de la finca de mis abuelos maternos, esos primeros años de mi infancia los recuerdo con mucho cariño ya que los viví muy despreocupadamente, mi única labor era ir a la escuela, jugar y poco más. Casi todos los días íbamos a la casa de los abuelos, nos gustaba visitar la vieja casona y saborear los ricos "bocaditos" que la abuela nos daba. Cuando terminé el 4to. Grado de primaria y tenía 10 años, mi padre decidió vender la propiedad y con toda la familia nos mudamos a un hermoso rincón llamado: "Cuipilapa". No nací aquí, pero lo adopté como mi terruño.

No fue difícil la adaptación porque vivíamos al lado de la cancha de fútbol, de la escuela y de la hermosa Iglesita, orgullo del lugar, separados únicamente por la verja. En este pequeño poblado solo había dos maestros y mi nuevo maestro fue como una bendición para mí porque supo potenciar mis talentos y me permitió desarrollar mis destrezas escolares a tal grado que pude concluir la primaria con excelentes calificaciones.

Recuerdo que mi maestro me decía "Giovanni tu eres un muchacho muy inteligente, debes ir al colegio y estudiar, puedes sacar la carrera que quieras". Al concluir la primaria, en ese verano mi apreciado maestro Don Olman Martínez QEPD, un día se presentó en casa de mis padres para hablar con mi papá para que me matriculara en el Colegio (intermedia y secundaria) y terminara el bachillerato. Y así ocurrió, gracias a sus recomendaciones. A los pocos días ya estaba debidamente matriculado.

En ese momento Brenda interrumpió mi relato para decir, recuerdo como ahora cuando llegaste al Colegio, eras un niño delgadito y menudito que andabas siempre con otro chico que le decíamos "Repollito". Afirmé con la cabeza y luego agregué:

En el Colegio siempre fui un chico tímido y un tanto introvertido, con aquella timidez batallé por varios años (niñez y adolescencia) aunado a un asma alérgica (una especialista me la diagnosticó como incurable), no tuve oportunidad de desarrollarme mucho en los deportes (aunque me encantaba jugar futbol junto con mis hermanos) por lo que me enfoqué en la parte académica donde generalmente sobresalía con muy buenas calificaciones. Alrededor de los 17 años recibí un tratamiento del Dr. Miranda (decía ser médico botánico, curaba con yerbas y raíces), dicho tratamiento duró alrededor de 6 meses y el asma desapareció como por arte de magia, por lo menos los ataques de asma que me daban frecuentemente no me volvieron a dar.

Recuerdo que desde los primeros grados de la secundaria sobresalí por mis buenas calificaciones (seguí siendo tímido), y hasta los últimos dos años de secundaria cuando me fui "soltando" un poco, especialmente cuando ingresé a un grupo de jóvenes de la Iglesia y asumí roles de liderazgo.

Después de graduarme del colegio y cuando estaba llevando unos cursos postsecundarios, fue cuando conocí al P. Gregori que me invitó a hacer una experiencia vocacional con una nueva congregación religiosa franciscana que recientemente había llegado a Costa Rica llamados los "Terciarios Capuchinos". Recuerdo que en ese tiempo estaba llevando unos cursos postsecundarios y le dije que cuando los terminara haría la experiencia de retiro vocacional. Efectivamente así ocurrió y unos seis meses después acepté la invitación; lo cual despertó el espíritu misionero que estaba dentro de mí. Fui, vi y acepté hacer una experiencia con ellos, cuando se lo comuniqué a mi familia, la reacción de la mayoría de ellos fue de incredulidad y sorpresa, recuerdo que mi papá entre risas y bromas me dijo: "vas a ver que dentro de un mes vas a regresar", cosa que no ocurrió.

Capítulo II
Mis primeras vivencias como seminarista y religioso

Brenda cuestiona, —¿O sea que te fuiste al Seminario Mayor? A lo que le respondí que no, porque a ese centro de formación iban los candidatos a ser presbíteros seculares. Mientras que los candidatos a religiosos, cada orden o congregación religiosa tenía su propio seminario o casa de formación, no era un seminario tradicional, sino que más bien se trataba de "una especie de convento" en donde se ofrecía la primera parte de la formación religiosa. Luego de concluida la primera etapa de formación (postulantado y noviciado), cuando terminas haces tus primeros votos temporales como religioso. Esa primera etapa gira alrededor del campo de la misión del consagrado, en donde se adquiere un profundo sentido de la espiritualidad para el servicio y al amor al prójimo, como preparación previa para la misión: quedas listo para ir donde el espíritu y tu superior te envíe. En mi caso, fui enviado a un campo de la misión ubicado en la República Dominicana (una isla del caribe desconocida para mí).

Mi periodo de adaptación al Seminario fue un tanto difícil, por todo lo que supone abandonar tu zona de confort: dejar familia, novia, amigos y demás personas conocidas. Así como adaptarse a un estilo de vida distinto y más reglamentado. Pero como siempre me habían gustado los retos y superar dificultades hice en tiempo récord (18 meses) aquella primera etapa de formación (postulantado y noviciado). Recuerdo que al "tomar el hábito" y hacer los votos temporales, estaba listo para la misión. Al día siguiente el superior me llamó a su oficina y me dio un sobre con una breve nota que decía: "En virtud de la santa obediencia has sido destinado a la Republica Dominicana", me quedé un poco sorprendido y entusiasmado porque por fin iba a ir a trabajar en la "misión", luego me añadió: "puedes irte una semana de vacaciones con tu familia y quiero que arregles tus documentos (pasaporte y demás documentos personales), porque en un par de semanas vas a viajar al caribe".

Una vez que te envían a tu primera "misión", comienzas la segunda etapa de formación llamada "el juniorado" que es cuando se recibe la preparación relativa al carisma de cada congregación religiosa. En mi caso se circunscribía al campo psico-educativo. Pero los religiosos no se quedan ahí como hacen la mayoría de las "monjitas" (que también son religiosas consagradas, la mayoría no pasan de la formación inicial y algunas adquieren una formación más especializada, pero son la minoría, ya que continúan discriminadas por el machismo que existe en la jerarquía de mi querida Iglesia Católica, de no darle mayor participación a las mujeres en el liderazgo jerárquico). Algo muy distinto ocurre con los religiosos o seminaristas varones, como parte del "paquete" que le tienen diseñado al varón consagrado, quien está casi automáticamente invitado a continuar con los "estudios eclesiásticos" como así se les llamaba tradicionalmente (formación filosófica y teológica) es decir, mientras se trabaja en la misión debes estudiar lo equivalente a un bachillerato o licenciatura en Filosofía y una Maestría en teología como fue mi caso. No lo hice en un seminario tradicional sino en una Universidad privada: la Universidad Central de Bayamón (U.C.B.).

Casi sin pestañear mi querida amiga me preguntó: —¿Terminaste los estudios de Filosofía y Teología? Me gustaría conocer todas esas vivencias que has tenido en los distintos países donde has vivido todos estos años. Rápidamente le contesté que esa era otra historia, pero como ella seguía con el signo de interrogación reflejado en su rostro y manifestando su deseo de conocer todos los detalles, por lo que seguí relatando detalladamente mis vivencias: Primero estuve en Santo Domingo, República Dominicana, comencé los estudios de filosofía, pero fue en Puerto Rico en donde los concluí, junto con la Maestría en Teología y un doctorado en Psicología Clínica.

La primera experiencia misionera en la República Dominicana

Brenda con su vocación de periodista inmediatamente afirmó: —siempre he querido conocer el caribe, ¿cómo es esa Isla? A lo que respondí que toda la Isla (antiguamente llamada: La Española) es muy hermosa, pero de muchos contrastes. El primero es que comparte una gran extensión de su territorio con Haití. Mientras la República Dominicana es uno de los destinos turísticos más populares del Caribe, Haití es el país más pobre de América Latina. Recuerdo que mi primera impresión cuando llegué al aeropuerto de Santo Domingo fue toparme con militares con armas largas y rostro enjuto que custodiaban el lugar ya que procedía de un país que no tiene ejército y difícilmente ves en el aeropuerto personas portando armas largas.

Conforme fue pasando el tiempo pude ir conociendo la nobleza del pueblo dominicano y todos los encantos que tiene la popularmente llamada "Quisqueya la bella". Con su gente sencilla y alegre, así como sus atractivos turísticos. La República Dominicana parece a primera vista un paraíso, con sus palmeras, kilómetros de playas de arena blanca y su mar azul cristalino. Millones de turistas llegan al país anualmente para tomar unas vacaciones. La belleza de la naturaleza y los hoteles de lujo encubren el hecho de que la República Dominicana es uno de los países con ricos cada vez más ricos (una minoría) y pobres cada vez más pobres (una mayoría). La misión me envió a trabajar con los más pobres, los chicos considerados en desventaja de todo tipo y la misión era rescatarlos de las garras de la delincuencia y reinsertarlos en la sociedad con las herramientas necesarias para ganarse la vida y ser personas de bien.

Brenda insistió: cuéntame cómo fue esa experiencia en "Quisqueya", a lo que respondí que fueron tres años y medio que duró aquella experiencia "misionera", al principio soñaba con ir a "campos de misión alejados de la civilización" pero por motivos del carisma de la congregación: trabajar con niños y jóvenes en situación desventajada; en broma decía que "me tocó trabajar en la selva de cemento", lo cual lo hacía más retante. Pero para eso había recibido la formación básica y además se nos pedía que combináramos la misión con la primera etapa de los estudios eclesiásticos (Licenciatura en Filosofía). Un año antes de terminar la Filosofía de nuevo la "santa obediencia" me envió a San Juan, Puerto Rico, donde no solo terminé la filosofía sino también los estudios teológicos y psicológicos.

Esta segunda etapa formativa en la República Dominicana estuvo llena de nuevas experiencias tanto en el campo de la misión como en la formación filosófica. Al echar una mirada retrospectiva con cierta dosis de providencialismo puedo decir que fue una etapa de mucho crecimiento porque formaba parte de una comunidad religiosa muy variada integrada en el primer año por tres españoles, dos dominicanos, dos costarricenses y un guatemalteco. Luego fue variando, pero siguió siendo una comunidad diversa en cultura, costumbres y hasta maneras de ver la vida. Sin embargo, fue de mucha riqueza poder integrar todos aquellos aspectos a mi nuevo estilo de vida.

Como anécdota jocosa que ilustra esta etapa formativa, había en la comunidad religiosa un veterano fraile español de escasa formación académica, más de 80 años, muy buena persona, pero enchapado a la antigua (con criterios preconciliares), en muchas ocasiones cada vez que se acercaba cualquier mujer joven al Instituto (más si era atractiva) que él entendiera que pudiera ser una "tentación" para uno de los jóvenes religiosos, procuraba espantarla o que estuviera el menor tiempo posible en el centro que atendíamos.

Brenda riposta: —¿Qué les decía para espantarlas?

Recuerdo específicamente una de las catequistas que se llamaba Adaliz, cada vez que llegaba a prestar su servicio, el veterano fraile la sometía al típico interrogatorio:

—¿A quién buscas? ¿Qué es lo que quieres?

Ella siempre daba la misma respuesta: "vengo a colaborar con la catequesis".

—¿Quién fue el que la invitó? le ripostaba Fray Pepe. Pero si ya son las 7:00 pm no son horas de andar por acá a lo que la chica le ripostaba: "esta es la hora de la catequesis".

No muy satisfecho con la respuesta y después de mover la cabeza (como en señal de desacuerdo), le decía: —Bueno, pues vaya a los salones, y ahí espera los chicos y no pase a la "clausura" (que era el área común de los religiosos y las habitaciones).

Brenda pregunta, —¿y qué pasaba con los catequistas varones, los trataban igual?

A lo que respondí, que no había catequistas varones o nunca llegaron de voluntarios, parecía que aquello era "cosa de mujeres". Pero en el instituto si había líderes varones (educadores) y con ellos no tenían ninguna restricción.

De aquel curioso argumento: "las mujeres son el demonio con faldas" (así las llamaba Fr. Pepe). Entre los compañeros de mi generación bromeábamos y nos reíamos con aquellas anécdotas.

Ahora que reflexiono sobre este asunto que parecía trivial, me doy cuenta de que aquel fraile mayor respondía a una mentalidad muy particular dentro del tradicional mundo clerical de los célibes que tendía a demonizar a la mujer o le daba un simbolismo demoníaco, posiblemente heredado del discurso misógino que ha permeado por siglos en la jerarquía de la Iglesia, el cual ha estado muy arraigado en la moral judeocristiana, se desarrolló en la tradición medieval y continuó en la época moderna y posmoderna. Esta mentalidad ya casi superada se basaba en la concepción de la fémina como sujeto activo del mal, capaz de tentar al varón en forma de demonio disfrazado, y la mujer como objeto de seducción.

Con respecto a la formación, estudiábamos y trabajábamos a la vez. Por lo que puedo decir que nunca había tiempo para perder. Hasta cierto punto era una vida muy sacrificada porque llevar una carga académica completa además de trabajar los siete días a la semana en un internado de jóvenes re-educandos a veces se torna muy desgastante, a tal grado que lo terminabas pagando con tu salud ya que se limitaban las horas de sueño y descanso. Pero cuando estás en los 20s "crees que te puedes comer el mundo" y que eso a ti no te va a afectar.

La experiencia puertorriqueña

Todavía recuerdo vivamente el momento en que me dijo el superior regional ("P. provincial"), hemos pensado en ti para conformar la primera comunidad fundadora de la Congregación en Puerto Rico. Con mirada incrédula le dije: pero todavía me falta un año para terminar la licenciatura en filosofía, me respondió: "no importa, los estudios los continúas allá; por ahora comunícate con tu paisano Luis y juntos hagan las gestiones para sacar la visa gringa para que puedan viajar cuanto antes allá, el director de la Misión hace unos días partió para la Isla del Encanto y los espera) ". Para nadie es un secreto el reto que supone hacer esta gestión en Santo Domingo porque los cónsules de la embajada de USA están entrenados para decirle que no al 99% de los solicitantes. Después de varias peripecias obtuvimos la visa que nos permitió viajar al nuevo destino.

Llegar a la "Isla del Encanto" como popularmente se le llama a Puerto Rico (P.R.) fue toda una experiencia porque a pesar de estar separada de República Dominicana (Rep. Dom.) por tan solo 205 millas náuticas, hace 27 años las diferencias socioeconómicas eran muy notorias: Puerto Rico ha sido por más de un siglo un territorio de los EE.UU. en el caribe y por su relación con el coloso del norte, cuenta con un desarrollo comercial e industrial muy superior a casi todas las islas del caribe, con una excelente infraestructura vial y otros aspectos que nos llamaron mucho la atención cuando llegamos, como por ejemplo, casi nunca cortaban los servicios eléctricos y de agua potable como pasaba frecuentemente en la Rep. Dom.

Volar de Santo Domingo a San Juan fue cuestión de 50 minutos. Desde el aire se puede apreciar que la" Isla del encanto" está conformada por un pequeño archipiélago de 3 islas principales que son Puerto Rico, Culebra y Vieques. Todas ellas, junto a Mona y otras islas más pequeñas forman el Estado Libre Asociado a los EE. UU. La mayor de las islas tiene una extensión de 100 millas de largo por 35 de ancho y la puedes recorrer en carro en unas pocas horas si así te lo propones. Puerto Rico es de esos lugares del mundo que te enamoran nada más llegar. Con su naturaleza sorprendente, sus playas de ensueño, el pasado colonial de Viejo San Juan y por supuesto, la música (hay un dicho boricua que dice que en P. R. hasta las piedras cantan).

En esta pequeña isla puedes encontrar todos los ingredientes necesarios que le hacen honor a su popular nombre de "Isla del encanto": aguas cristalinas, perfectas para el baño o para los deportes náuticos; largas playas de arena blanca para tomar el sol y descansar, un patrimonio cultural y natural impresionante que hacen que la capital, San Juan, sea patrimonio mundial según la Unesco. Si te internas en la isla descubrirás increíbles paisajes y habitantes con mucho calor humano que te hacen sentir como en casa. Entre las bondades de la isla, encontrarás las características del primer mundo en un ambiente latinoamericano.

Del aeropuerto de Isla Verde, nuestro destino estaba a tan solo 10 minutos, llegamos a un centro que acogía a niños y jóvenes víctimas de maltrato y estaba ubicado en el exclusivo barrio de Miramar, considerado uno de los mejores barrios de San Juan, aunque nuestro sector estaba rodeado de bares de mala muerte y una cárcel de jóvenes. Fue hasta unos años más tarde cuando el gobierno local trasladó la cárcel y expropió la mayoría de las áreas circundantes; transformándolo en el precioso sector turístico que es hoy con su espectacular centro de convenciones, rodeado de majestuosos hoteles y áreas de recreación.

Luego comenté, mi querida Brenda, conforme fueron pasando los años, fui madurando y la maestra vida se encargó de irme dando mayores responsabilidades, casi siempre acorde a las capacidades y formación. Puedo clasificar esta experiencia boricua en tres etapas: los primeros años como fraile: estudiante de Teología y Psicología, la segunda como profesor y decano de estudiantes en la Universidad. Finalmente, la tercera etapa fue como Rector de un Santuario Mariano. Brenda muy puntillosa exclama: cuéntame cómo fueron esas tres etapas de tu vida.

Como fraile, estudiante de teología y psicología

Cuando me remonto a los primeros años en Puerto Rico, tengo que reconocer que el proceso de adaptación no fue fácil, es más, ahora puedo decir que los primeros años fueron muy duros. El comienzo fue difícil porque nos tocó abrir camino donde no había. Qué quiero decir con esto, simplemente nos correspondió ser parte de aquellos pioneros que fuimos enviados a fundar la primera comunidad religiosa de los Terciarios Capuchinos en San Juan, P.R. Para esta misión fuimos enviados 3 religiosos un español y dos jóvenes costarricenses de votos temporales.

El líder de la comunidad era un experimentado religioso español formado a la antigua usanza, curtido en mil batallas. No obstante, era un hombre enfermo que necesitaba tomar muchos ansiolíticos diariamente para poder funcionar. Él como director del centro se dedicaba mayormente al área administrativa; mi colega y yo estábamos a cargo del área psico-educativa. Es decir, que todo el peso del funcionamiento interno de la institución recaía sobre los dos jóvenes religiosos.

Casi siempre cuando inicias un proyecto te toca abrir brecha, más complicado aún si el proyecto ya está funcionando y ha estado marchando mal durante los últimos años. Me explico, en este nuevo proyecto la congregación religiosa decidió hacerse cargo de una institución que albergaba niños y jóvenes que habían sido víctimas de maltrato y que generalmente habían sido removidos de sus hogares de origen por medio de las instituciones del Estado (en ese tiempo llamada el Departamento de la Familia) y reubicados en un hogar sustituto, el centro servía de hogar sustituto. El asunto es que cuando nos hicimos cargo del centro educativo ya había varios chicos que llevaban más de 7 años en la Institución con distintas administraciones y, sobre todo, con malas costumbres que suelen adquirir cuando no hay un buen programa psicoeducativo. Así es que entre aquellos chicos que en un inicio nos miraban con desconfianza, había auténticos líderes mayormente negativos dentro de los grupos que te saboteaban todo el trabajo que se hacía, lo cual provocó que al principio las dificultades aumentaran y aquel barco resultara más difícil de "pilotear".

Recuerdo como si fuese ahora que aquel primer año en la "isla del encanto" fue muy intenso, especialmente para mi colega Luis y este servidor, porque nos tocó implementar todo el programa psicopedagógico en aquella institución que caminaba por derroteros equivocados. Todos sabemos que encauzar el rumbo de un barco a la deriva siempre conlleva un precio, a veces muy alto, porque supone que lo tienes que hacer, muchas veces robando horas a tu descanso y algunas veces a costa de tu salud integral.

Cuando lo pienso desapasionadamente, la labor hubiese sido más fácil recibir la institución sin ningún muchacho. Pero la "misión" no permite darte esos lujos, esto no se podía ni se debía hacer; porque había personas en el proceso (niños y jóvenes), que las circunstancias de la vida los había llevado a aquella institución, la mayoría de ellos no tenían ninguna culpa de las malas administraciones anteriores. Con chicos nuevos probablemente habría sido más rápido y más fácil darle aquel estilo de funcionamiento deseado y en menor tiempo.

Sin embargo, las cosas no ocurren como uno quisiera sino como realmente pasan. Al recibir la institución "funcionando", necesitábamos ir haciendo los ajustes requeridos sobre la marcha, lo cual exigía un doble esfuerzo porque al implementar el programa psicoeducativo nos encontrábamos con la natural resistencia de los participantes, especialmente aquellos que más ajustes debían hacer. Ahora puedo decir con certeza que aquel proceso costó un poco más de un año de trabajo duro, remando contra corriente, para que se diese un cambio significativo. Esto no quiere decir que no se vieran los progresos, casi desde el primer mes se notaron cambios en el comportamiento de aquellos chicos, cuando se sintieron bien atendidos y amados. Poco a poco fueron transformando sus vidas y madurando, hasta convertirse en personas resilientes y exitosas, tal y como lo demostró la Dra. Celinés Díaz, en un estudio[4] que hizo unos años después.

Mientras todo esto estaba ocurriendo en el campo de la misión, había que proseguir con los estudios eclesiásticos y no sólo concluir los estudios filosóficos sino también los teológicos, lo cual generó un estrés adicional. Lo cierto es que un par de años después me diagnosticaron una gastritis que tuve que atender urgentemente; antes de que se convirtieran en úlceras intestinales.

Brenda muy atenta al relato comenta: —cómo hiciste para sobrellevar aquello y lograr un balance entre los estudios y el trabajo.

En síntesis, te puedo decir que esos primeros años en San Juan fueron muy intensos, en ese tiempo tomábamos vacaciones cada tres años y al finalizar el primer trienio estaba tan agotado que siendo de contextura delgada había perdido más de 40 libras de peso (mayormente masa muscular) porque no tenía mucha grasa corporal, al haber sido de constitución delgada. Recuerdo que al terminar aquel año escolar, y antes de tomar mis primeras vacaciones, fui al médico primario muy preocupado por mis síntomas de pérdida de peso y

4 Díaz Reyes C. (2000) Tesis doctoral: Exploración de la Resiliencia en exalumnos de la CNMFJ.

malestares estomacales, quien me dijo: -"la mayoría de la gente que atiendo me piden tratamiento para rebajar pero tú buscas lo contrario", después del chequeo general y no encontrar nada irregular, me refirió al gastroenterólogo, quien me mandó una serie de exámenes (entre ellos una gastro-endoscopía) para finalmente diagnosticarme gastritis aguda y con principios de úlceras. Aparte de los medicamentos, me recomendó cambiar de trabajo, debido al ajetreado ritmo de vida que llevaba.

Pero, ¿cómo cambiar de trabajo si era lo que libremente había elegido? En ese tiempo no tenía las herramientas necesarias para lograr el equilibrio de vida que aquel médico me estaba sugiriendo. Solo atiné a aprovechar el periodo de vacaciones y tomar un tiempo no sólo para descansar y recuperar unas libras, sino también para reflexionar y tomar algunas decisiones que me permitieran manejar mejor los estresores que la vida me estaba presentando. Recuerdo que la primera decisión que tomé fue buscar un poco más de balance entre mi trabajo, mis estudios y mis espacios personales; por lo que me propuse unas metas:

- Hacer ejercicio vigoroso al menos 3 o 4 veces a la semana.
- No tomarme las cosas tan apecho o tomarlo como algo personal.
- Disfrutar más la lectura y no solo como requisito académico.
- Comer más saludable.
- Tratar de dormir un poco más.
- Durante los fines de semana, disfrutar más momentos de esparcimiento. etc.

El primer reto que enfrenté era cómo manejar el hecho de vivir en el trabajo, cuando digo vivir en el trabajo es literalmente vivir 24/7 en un régimen de internado con los chicos a los cuales supervisábamos hasta en la noche porque mi dormitorio estaba justo al lado del dormitorio de los chicos asignados a mi cargo. Como no había mucho espacio entre tu vida personal y tu quehacer laboral/apostólico, había que crear esos espacios. Recuerdo que comencé a correr casi a diario por las tardes cuando tenía un poco más de tiempo ya que todas las noches debía atender a los chicos internos: tutorías, charlas de formación, supervisar todo: hasta la limpieza y la higiene de ellos.. Al día siguiente levantarse a las 4:30 am para la oración de la mañana (5:00 – 6:00), desayunar, levantar y alistar a los chicos, llevarlos a la escuela y luego prepararme para ir a la Universidad toda la mañana. Era un ritmo agotador.

Otra de las decisiones que tomé en aquellas vacaciones fue "no tomarme las cosas tan apecho", es decir, ser un poco más relajado con los acontecimientos de la vida cotidiana porque sabía que no quería depender de aquellas pastillas para estabilizar el sistema digestivo que me había recetado el gastroenterólogo. La prueba más contundente de que el ambiente y el trabajo era lo que más afectaba mi sistema digestivo, fue que no necesité el medicamento mientras estaba de vacaciones y, en consecuencia, me di cuenta que tenía que aprender a manejar mejor los distintos estresores que aquella misión me generaba.

Brenda muy acuciosa pregunta: —¿pudiste terminar los estudios de filosofía y teología?

A lo que respondí: -Efectivamente terminé el año que me faltaba de filosofía y una maestría en teología. Una vez concluidos los estudios eclesiásticos (4 años de filosofía y 4 de Teología), me enfrenté a otra difícil decisión: recibir la ordenación (primero del diaconado y luego la del presbiterado), recuerdo que hasta llegué a solicitarlos y me fueron aprobados casi inmediatamente, pero providencialmente ocurrió una circunstancia que me hizo posponerlos.

¿Qué ocurrió, cuando terminaste "los estudios eclesiásticos"?, me cuestionó Brenda. Recuerdo que casi todos mis compañeros de la Maestría en Teología (mis colegas) inmediatamente concluyeron, cada uno fue ordenado como diácono transitorio (se dice de aquellos que van camino al presbiterado), excepto en mi caso. Por aquel tiempo también me extrañó mucho el enterarme de que a uno de mis contemporáneos en otro país le fue negada la petición por ser considerado no apto para el ministerio y hasta el sol de hoy nunca logró acceder al presbiterado.

Soy de los que creen firmemente que todo lo que nos ocurre en la vida tiene un propósito. En aquel verano se dio una extraña circunstancia no planificada. Con mi colega (Luis) había previamente acordado que cuando termináramos "los estudios eclesiásticos", recibiríamos juntos el ministerio del diaconado (paso previo al presbiterado). También en aquel verano coincidió que me correspondía ir de vacaciones a visitar a mi familia y tomar un merecido descanso. Ese año me correspondía a mí porque el anterior mi compañero de estudios y apostolado había ido de vacaciones.

Pasaron muchas cosas durante ese verano, en aquel tiempo no existían las redes sociales ni la tecnología que hay hoy día, mientras yo estaba de vacaciones mi compañero de estudios fue a hablar con el Arzobispo de San Juan para explorar fechas de posible ordenación como Diácono transitorio y este le dijo que en unos días iba a tener una ordenación presbiteral, que si él quería lo podía ordenar en la misma ceremonia. Así fue como unas semanas más tarde cuando regresé de las vacaciones me encontré a mi amigo y compañero Luis, ordenado de Diácono.

Brenda muy interesada en esa decisión me cuestionó: Si ya tenías la autorización, ¿qué te llevó a posponer la ordenación? Le respondí que esta circunstancia de la ordenación de mi colega me hizo reflexionar mucho, ya que en la pequeña comunidad religiosa no se necesitaban más clérigos porque había un sacerdote y un diácono, a tal punto que decidí con mucha serenidad posponer la ordenación. Lo cual me permitió seguir preparándome en un área que me apasionaba, por eso decidí solicitar admisión al programa graduado de Psicología Clínica de la Universidad de Puerto Rico (UPR), en donde fui admitido unos meses más tarde y aunque suene paradójico, porque seguía teniendo muchas responsabilidades, estudiar psicología me daba una mayor motivación en medio de tanto quehacer. Más adelante profundizaré un poco más en esta etapa de mi vida.

Cuando miro en retrospectiva y aflora esta experiencia, muchas veces me he preguntado cómo un ser humano puede sobrevivir más de 10 años, tal ritmo de vida. Tuve que adaptarme a aquellos estresores porque la mayoría de mis colegas no se pudieron adaptar y terminaron "quemados". La mayoría abandonó la vida religiosa y desgraciadamente no tuvimos unos "superiores o responsables" que fueran capaces de prevenir aquella situación ("quemazón" como se dice en el mundo de la ayuda) y casi siempre estos mismos terminaban responsabilizando y culpando al "peón" de aquel ajedrez. Según los "superiores" aquella "misión-institución" había que mantenerla abierta. Muchas veces pensé sin temor a equivocarme que se hacía más por el aspecto económico (ingresos que generaba para la congregación) que por el "celo apostólico" de la Misión.

Brenda me interrumpió y me replicó no te adelantes, o sea que terminaste la Filosofía y la Teología y luego seguiste estudiando Psicología: ¿De dónde surgió la idea de estudiar psicología?

Le expliqué que lo de estudiar psicología fue un complemento que tenía dos vertientes: la primera era una necesidad que sentía en la misión de ese momento en el que estaba trabajando con jóvenes víctimas de maltrato y sentía que mis estudios eclesiásticos no me proveían las herramientas necesarias para responder a todos los retos que se me presentaban en ella y, la segunda, era un sueño que se había ido forjando desde el primer año de filosofía cuando había conocido a un eminente Jesuita (El profesor Mateo Andrés, autor de varios libros) que había logrado compaginar armoniosamente, la filosofía y teología con la psicología de una manera magistral.

Ya para ese tiempo me había prometido a mí mismo que, si la vida me diera la oportunidad algún día, quería ser una persona capaz de integrar la espiritualidad con la psicología, como mi querido profesor. Así que en cuanto se me presentó la oportunidad, con gran entusiasmo comencé a estudiar psicología en la Universidad de Puerto Rico, en donde pasé varios años hasta obtener los grados de Maestría y Doctorado en Psicología Clínica.

Luego añadí: —Mi querida Brenda, esos años fueron tiempos de mucha transformación y aprendizaje, cuando terminé no sé si fueron los años de aprendizaje o madurez los que me dieron una visión totalmente distinta a la de mis colegas en la misión. Lo cierto del caso es que cuando hablaba con alguno tenía una percepción de la vida muy diferente a la de ellos; quizás por la formación eclesiástica que da una visión bastante tradicional.

No había terminado la tesis doctoral cuando me correspondió el servicio de la autoridad en aquella comunidad, los primeros tres años las cosas marcharon con cierta normalidad, pero luego tuve diferencias de criterio acerca de cómo dirigir la Institución con el Superior Provincial de turno (quien anteriormente había sido director del centro y pretendía desde el extranjero seguir haciéndolo, a tal grado que conservaba el título tres años después) no solo por los temas señalados anteriormente sino también por otros asuntos afines al servicio de la comunidad y como suele decirse popularmente "la soga generalmente se parte por lo más fino", así que finalmente decidí tomar un año sabático.

Brenda riposta: —¿Cómo se dio ese proceso? —A lo que agregué:

Cuando ya estaba terminando los estudios graduados de Psicología (sólo faltaba la Disertación Doctoral), surgieron nuevas responsabilidades lo que retrasó el cumplimiento de este último requisito. El anhelo de servir y comprometer más mi vida me llevó a volver a solicitar la ordenación diaconal ya que el principio del deber así me lo requería, como aquel dicho que dice: "lealtad obliga", hasta ese momento, nunca había tenido una respuesta más rápida de mis superiores que aquella: en unos días me había llegado la aprobación y el 25 de julio del 1999 recibí el Ministerio diaconal en la Catedral de San Juan por medio del Sr. Arzobispo (Mons. Roberto González).

En esa ocasión los únicos familiares que me pudieron acompañar fueron mi madre (Emilce Esquivel) y mi hermano Róger, a quienes les agradecí mucho su presencia.

Luego Brenda me preguntó: -Giovanni en ese momento ya estabas listo para dar ese paso de ser ordenado como sacerdote?, y le contesté con la misma respuesta que me había dado mi director espiritual ante una pregunta similar que le hice y él me respondió: -"si alguien espera estar 100% seguro de esas decisiones significativas de la vida nunca lo hará".

Pasó más de un año para ese crucial paso de la Ordenación presbiteral porque no tenía ninguna prisa, solo quería disfrutar al máximo cada etapa de la vida, sin embargo, la vida te da sorpresas y sorpresas te da la vida. Siendo Diácono fui nombrado como Superior Mayor de mi comunidad religiosa y al no contar con otro presbítero en la comunidad me vi compelido a solicitar la ordenación presbiteral. Ya entrado el siglo XXI recibí la ordenación presbiteral en mi país natal de manos del Sr. Arzobispo de San José (Mons. Román Arrieta Villalobos).

Inmediatamente Brenda ripostó: ¿cómo te fue como superior y director de aquella institución? En un principio todo parecía conforme a lo esperado por propios y extraños, pero unos años más tarde (2002), tuve unas diferencias irreconciliables con mi superior provincial y decidí pedir un año sabático para poder terminar la tesis doctoral, (único requisito que me faltaba para la graduación) y poder continuar la misión en otro lugar, que por motivo de mis múltiples responsabilidades no lo había podido hacer.

Mi amiga Brenda muy atenta en el relato lanzó otra pregunta: ¿Y cómo fue eso del año sabático?

Mi querida Brenda, esta decisión fue muy difícil de tomar ya que como te había dicho, después de mi ordenación como presbítero, primero me correspondió servir en la institución (La Casa de Niños

Manuel Fernández Juncos Inc.), (en adelante: CNMFJ), como director y superior de la comunidad religiosa. Pero cuando se dieron las diferencias con el superior provincial me vi compelido a solicitarlo. No es frecuente que esto se conceda a los religiosos (más si son presbíteros). Pero en situaciones particulares se puede autorizar con la finalidad de estudios y, precisamente, con la finalidad de terminar la tesis doctoral lo solicité a la autoridad correspondiente y me fue concedido. Como los presbíteros no pueden quedarse "realengos", durante ese año sabático necesitan ser acogidos por algún "Obispo benévolo" en donde puedan continuar realizando alguna labor pastoral. Primero, déjame contarte las circunstancias muy particulares que precedieron mi llegada a ese santuario.

Mi estimada Brenda las cosas no ocurren por casualidad, como superior de la comunidad me correspondía asistir a las reuniones de superiores mayores de la Conferencia de religiosos de Puerto Rico (COR) a nivel de Puerto Rico, en donde conocí al superior provincial de los Religiosos Claretianos (P. Rubén A. González Medina) quien unos meses más tarde fue elegido Obispo de Caguas, cuando estaba atravesando por esta etapa de incertidumbre (acerca del año sabático) me comunico con él y le consulté mi situación personal, luego de escucharme como lo hace un verdadero pastor me dice: "Padre Giovanni no te quiero tentar pero tengo dos lugares sin sacerdote en los cuales no tengo quien se encargue de ellos"; y, con entusiasmo me dijo: "por qué no vas y los conoces, luego me dices cual te gusta más y luego hablamos".

El obispo me presentó dos opciones: una parroquia tradicional en uno de los pueblos de la Diócesis y la otra, un emblemático lugar a nivel Diocesano: el Santuario Mariano de la Diócesis (La Montaña Santa"), que aunque recientemente había atravesado por una terrible crisis pastoral y económica fue la que más me cautivó desde el primer día porque es uno de esos lugares en los cuales el sólo entrar te transporta a otra dimensión (una más espiritual como aquella que vivencié de niño) y unas semanas después acordamos que me haría cargo del lugar durante aquel año sabático del 2002. Lo que en un principio iba a ser sólo por un año se convirtió en una docena de años, llenos de experiencias diversas y casi todas muy enriquecedoras.

Cuando ya estaba terminando mi año sabático y creí fielmente que en mi Provincia Religiosa (especie de zona geográfica: Centroamérica y el Caribe) iban a elegir a otro Superior Provincial con lo cual iba a poder regresar a la Congregación religiosa de la cual seguía siendo miembro, pero al finalizar ese trienio volvieron a elegir a la misma persona y ahí decidí incardinarme a la Diócesis de Caguas, P.R. Este fue otro momento significativo para mi vida porque me lanzaba a una nueva misión con la ventaja de que ya conocía un poco el ambiente y me sentía adaptado a aquel nuevo estilo de vida (como sacerdote secular). Recuerdo que le dije al obispo que con respecto al servicio pastoral me sentía tranquilo y sereno sabiendo que "todos los ríos llegan al mismo mar".

Fue en ese momento cuando asumí que iba a estar más tiempo de lo acordado originalmente, a cargo de aquel Santuario Mariano en Puerto Rico. Con respecto a lo que iba a hacer en ese lugar, era algo diametralmente opuesto a todo lo que había hecho hasta ese momento, venía de ser el Director Ejecutivo de una institución sin fines de lucro que se dedicaba a acoger y trabajar con niños y jóvenes que habían sido víctimas de maltrato. Así es que pasé del ámbito psico-educativo a uno dedicado a la atención pastoral de peregrinos relacionados al Santuario.

Brenda me lanzó una ráfaga de preguntas, —¿Qué pasó con tu tesis doctoral y luego con tu preparación como psicólogo clínico, trabajaste como psicólogo?

Con respecto a lo primero, me enfoqué en terminar la tesis lo antes posible, sabía que tenía un año completo, pero quería terminar pronto, por eso en ese momento sólo debía concentrarme en terminar la disertación doctoral y así lo hice; unos 6 meses más tarde, estaba defendiendo mi disertación delante de un distinguido panel de profesores, lo cual ocurrió de una manera tan exitosa que al finalizar la misma el Obispo González (invitado especial) me dijo después de aquel acontecimiento: "Felicitaciones Giovanni, les diste una clasecita a esos profes" y me dio unas palmaditas en mi espalda. Todavía recuerdo con gran beneplácito que todos los profesores que conformaban el comité de disertación al finalizar el acto de la defensa de la tesis me felicitaron y reconocieron el valor del proyecto con palabras cargadas de reconocimiento.

En lo que respecta a mi preparación psicológica te la puedo contestar de dos maneras, la primera es que como persona de fe pensaba que algún propósito tendría el Señor en aquella nueva encomienda y esa especialidad seguramente encontraría un lugar en mi vida. Apenas se hizo público que el nuevo Rector del Santuario también era psicólogo, no tardaron en aparecer distintas personas con todo tipo de consultas, no solo a nivel espiritual, sino también de índole psicológico y, rápidamente, se me llenó la agenda en el tiempo que tenía disponible, no solamente de los feligreses del Santuario sino también algunos de mis colegas y otras personas (incluso el obispo) comenzaron a referirme todo tipo de casos, algunos de un grado de mucha complejidad para que les brindara ayuda psico-espiritual. Así es que con toda certeza te puedo decir que la preparación psicológica me ayudó muchísimo para poder dar no sólo el acompañamiento espiritual sino también el psicológico.

La segunda razón fue un tanto inesperada, ya que la preparación psicológica me permitió entrar en el ámbito académico, algo que siempre me había llamado la atención, quizás inspirado por mi querido profesor Mateo Andrés, como le había comentado anteriormente, no tardé ni un año después de la graduación cuando ya estaba dando clases a nivel de maestría en un programa graduado que ofrecía cuatro maestrías. Ahora lo veo con mirada providencial y estoy muy agradecido por tener esa oportunidad de compartir mis conocimientos y mis experiencias con aquella camada de jóvenes que hoy día son líderes en sus distintos campos de trabajo y de pastoral en Puerto Rico e incluso allende de los mares.

Brenda cuestiona: —¿Cómo te fue como profesor universitario? ¿Te gustó la experiencia?

Como profesor y decano de estudiantes en la Universidad

Una de las etapas de mayor crecimiento a nivel humano y espiritual, fue cuando recién graduado del Doctorado en Psicología Clínica, me correspondió ejercer el rol de profesor universitario. Esto ocurrió sin quererlo ni buscarlo, simplemente se dio espontáneamente; cuando un buen día me encontré con mi apreciado profesor de Biblia, el Dr. Félix Struik, en ese momento era el Rector de la Facultad de Teología (CEDOC) de la Universidad Central de Bayamón (UCB), quien me preguntó si ya me había graduado de la Facultad de Psicología. Cuando le dije que sí, inmediatamente me invitó a ofrecer un curso a nivel de maestría que integrara la teología y la psicología.

Recuerdo que me dijo: —"*Oye, Giovanni, por qué no elaboras un curso que incluya tus dos áreas de especialidad y yo lo incluyo como una electiva libre para nuestros muchachos, algo que sea teórico-práctico*". Y así, de repente, me convertí en profesor visitante, luego pasé a formar parte de la facultad regular y terminé durante los últimos tres años asumiendo el rol de Decano de Estudiantes de la facultad. Luego fui profesor adjunto de la Universidad de Puerto Rico, recinto de Cayey; donde tuve la oportunidad durante cuatro años de ofrecer el curso de Psicología y espiritualidad en el Programa de Honor. Así como servir de supervisor de Tesinas. Fue una experiencia muy interesante.

Para esta época ya me había incardinado a la Diócesis de Caguas, gozaba de mayor tiempo disponible para la preparación de clases y como el proceso de convertirme en profesor regular de aquel programa graduado se fue dando poco a poco, primero con una clase, después dos y finalmente tenía una carga académica completa junto con las responsabilidades del Decanato de Estudiantes; función que desempeñé por lo últimos tres años que laboré en esa Universidad. Fueron años de mucho crecimiento en todos los niveles, realmente sentía que aportaba no sólo mis conocimientos sino también la experiencia que hasta ese momento había adquirido en los distintos frentes de apostolado.

Combinar las labores como rector de un Santuario con el rol de docente fue todo un reto, ya que me dio la motivación necesaria para integrar las labores pastorales con el mundo académico. Mi visión como docente siempre fue la de promover un aprendizaje que favoreciera la preparación para la vida práctica de aquellos que querían desempeñar una labor fecunda. Esto requirió integrar a la enseñanza los conocimientos teóricos, así como aquellos fundamentos prácticos necesarios para el ejercicio de su labor futura. Además, siempre tuve la visión de fomentar entre mis estudiantes la autonomía y el pensamiento crítico, teniendo en cuenta que el periodo de formación universitaria no era solo para la adquisición de unos determinados conocimientos que requería el "curriculum", sino también, un espacio para la formación integral como persona y como futuro profesional.

Brenda agrega: "ya me contaste de tu experiencia como profesor universitario, cómo te fue en el Santuario?

Como Rector de un Santuario Mariano

Comencé relatándole a Brenda que en aquel santuario viví múltiples experiencias, desde las más sublimes hasta las más cotidianas que un servidor puede vivir. Recuerdo que varias veces y distintas personas me preguntaron cómo había llegado a uno de los Santuarios más emblemáticos de la Isla, popularmente conocido como "la Montaña Santa" y para salir del paso siempre respondía con una breve explicación. Cuando hoy me haces la misma pregunta, te puedo decir con certeza que la Providencia Divina me llevó a esa Montaña. Ahora estoy seguro de que fue la confirmación de aquella premonición que de niño había recibido.

Todavía conservo el vívido recuerdo cuando fui por primera vez a la Montaña Santa, esa tarde tomé la ruta más larga y empinada, la que está entre el pueblo de San Lorenzo y el Santuario, primero porque entendí que aquel sector pertenece a dicho municipio y segundo porque no sabía que podía tomar otra ruta más plana. Cuando comencé a subir del Barrio Espino hacia la cima del monte no pude menos que revivir aquella experiencia de mi niñez, por lo empinado del camino y por las muchas semejanzas en la topografía que me hacía más familiar aquellas campiñas verdes. Aquel camino se me hizo corto a pesar de que era angosto y tortuoso. Sin embargo, me sentía muy entusiasmado de poder subir hasta aquel pico de la Montaña.

Recuerdo que aquella primera vez que subí a la Montaña fue algo inolvidable, era una tarde de sábado durante el mes de julio del 2002. Cómo no recordar aquella primera sensación al entrar en aquel Santo lugar. Cuando pasé el viejo portón de hierro que estaba en la entrada, vi a mi derecha una gran imagen de la "Pietá de Miguel Ángel", en seguida subiendo una pequeña cuesta, observé unas esculturas de ángeles y cuando llegué arriba tuve la sensación de respirar un aroma de serenidad unidos a aquel aire fresco cargado de paz y tranquilidad. Lo asombroso es que muchos feligreses que visitaban por primera vez el Santuario manifestaban lo mismo. Cómo no asombrarse ante aquel majestuoso ambiente: por su naturaleza, por los matices de verde, por el aire puro que se respiraba, pero sobre todo por la sensación de estar pisando tierra sagrada. Fue extraño porque sentí una especie de "regresión" de volver a "mi montaña". Algo muy difícil de explicar, pero sentía que ya había estado ahí anteriormente.

En las últimas semanas había pasado por pruebas, dificultades, barreras que se erguían en mi camino como aquellas "piedras" en el camino que un día experimenté de forma simbólica. Al llegar a la cima de la montaña sentí que todas aquellas "piedras en el camino" habían desaparecido. Por eso cuando volví a hablar con el Obispo y emocionado le conté parte de las experiencias vividas me dijo: "Parece que te gustó la Montaña Santa" y solo atiné a afirmarlo con la cabeza y, sin entrar en detalles, le dije que se parecía mucho a algunos parajes de mi querida Costa Rica. Me comentó que él conocía muy bien mi país porque había estudiado la Teología en Paso Ancho de San José, Costa Rica. Después de aquel breve encuentro acordamos que iría un año a la Montaña Santa. Me entregó unas llaves y lo único que me recomendó fue tener mucha prudencia pastoral después de los últimos acontecimientos ocurridos con el Rector anterior que había salido de manera irregular por acusaciones de un supuesto escándalo público.

Recibir un Santuario en crisis, con una economía quebrada, aunado a una escasa feligresía ya que una gran parte se había alejado, unos por lo del escándalo y otros porque se sentían heridos; no supuso mayor dificultad para alguien acostumbrado a manejar mayores retos que encausar de nuevo aquel Santo lugar. En los últimos años había asumido tantas responsabilidades que me sentía capacitado para poder asumir aquel nuevo desafío, sobre todo después de haber sido Director Ejecutivo de una Institución sin fines de lucro en San Juan (CNMFJ), con todas las implicaciones que el cargo conllevaba.

Los inicios en cualquier misión suelen ser siempre difíciles, el primer escollo que me topé fue encontrarme una economía deficitaria. No tenía ni un mes de haber asumido la rectoría cuando le comenté a uno de los más cercanos colaboradores del Santuario que quería remodelar las oficinas y él me respondió: —"¿Con qué dinero? Si no tenemos ni para pagar el personal y, además, tenemos deudas pendientes"- y como persona de fe le respondí que no se preocupara que si hacíamos el trabajo que había que hacer el dinero aparecería porque esa era la promesa de Jesús: "*Busquen el reino de Dios y su justicia y todo lo demás se les dará en añadidura*[5]" (Mt 6,23). Un par de meses después ya teníamos remodelada las oficinas, gracias a las donaciones de personas generosas y colaboradoras.

Luego de terminar aquella pequeña remodelación de las oficinas, le volví a decir al mismo colaborador que el siguiente proyecto era

5 Biblia de Jerusalén, (1984). Mateo 6,23. Editorial Desclee de Brower. Bilbao, España.

remodelar el "antiguo convento" del Santuario que consistía en una vieja casona semi-abandonada y él con un gesto de incredulidad me dijo: "con el respeto que usted se merece, ahora usted si se tostó (se volvió loco), porque no es lo mismo remodelar algo que cuesta 2 o 3 mil dólares, que remodelar algo que cuesta medio millón de dólares". Solo atiné a decirle, que confiaba en la Providencia Divina y así como había aparecido el dinero para remodelar las oficinas de esa misma manera iba a aparecer para remodelar el viejo convento. Porque un lugar como aquel merecía tener una casa de retiro en donde sus feligreses pudieran ir a quedarse unos días y poder disfrutar de las bondades que tenía el Santuario.

Tengo que reconocer que este nuevo proyecto de remodelar el viejo convento tardó un poco más (alrededor de 6 años) en materializarse, pero se logró con la ayuda y el esfuerzo de un gran grupo de personas generosas que hicieron posible que aquel sueño se hiciera una realidad. Así como se fueron colocando las piedras, los bloques y todos los demás materiales de construcción; también se fue construyendo una gran comunidad alrededor del Santuario que asiduamente participaba de todas las actividades religiosas y comunitarias que ahí se realizaban.

Al igual que toda siembra conlleva mucho trabajo, aquella misión en el Santuario también requirió de esfuerzo y sacrificio; pero si el trabajo de cuidar un cultivo lo haces con amor es cuestión de tener paciencia para verlo germinar, crecer y echar frutos. Eso fue lo que ocurrió en el Santuario. Puedo decir que unos años después de denodada labor se empezaron a ver muchos frutos pastorales: Aumentó considerablemente la feligresía del Santuario, conforme ésta crecía también aumentaba la participación en **los distintos ministerios** que había; entre ellos puedo resaltar, los de música, el de servidores del altar (el cual llegó a tener hasta 26 participantes, entre niños y niñas), servidores voluntarios que atendían semanalmente la cafetería de la casa de retiros, grupo de jóvenes, ministros extraordinarios de la comunión, servidores en los retiros espirituales, servidores en la

Misa mensual de sanación, servidores que ayudaban en la acogida y organizaban el estacionamiento, etc.

Aparte de las remodelaciones antes citadas, también logramos remodelar un emblemático lugar llamado: "La casita Vuestra Madre", edificio octagonal que se construyó sobre las ruinas (tocones o basas de madera), donde vivió la Madre Elenita[6] durante los últimos años de su vida. Se cambió un desvencijado altar por uno que es una obra de arte con su respectivo ambón y atril de madera preciosa. Se adquirieron nuevos vasos sagrados y se remplazaron las viejas ventanas de uno de los costados del templo. Así como terminar de tirar en cemento la rampa o calzada que conduce hasta el Manantial, lugar más visitado del Santuario, sin temor a equivocarme podría decir que todos los días del año algún feligrés visita este lugar especial para orar o simplemente buscar agua; en Semana Santa se cuenta por miles los visitantes al Manantial.

Tengo que hacer una mención especial de la docena de "semanas santas" que pasé en el Santuario. Esta no solo era "la Semana Mayor" por estar señalada así en el calendario litúrgico, sino también porque se constituía en la semana mayor en todos los sentidos: afluencia de feligreses y participación de los servidores en las distintas actividades religiosas que se programaban todos los años en el Santuario; por citar solamente dos. El trabajo casi siempre nos desbordaba, por ejemplo, llegamos a tener hasta 5 sacerdotes invitados para ofrecer el Sacramento de la Penitencia y no dábamos abasto. Existía la tradición que todos los Jueves Santo durante toda la noche se recibía cientos de peregrinos de todos los pueblos circunvecinos que en peregrinación caminaban a la Montaña Santa: algunos por promesas realizadas, otros, por tradición y, algunos, por folklore.

Lo cierto es que con varias semanas de antelación había que prepararse para la "Semana Mayor", la preparación iba desde el ámbi-

6 Para más información puedes leer el apéndice de este libro sobre la historia y vida del Santuario.

to espiritual hasta el material, para poder atender adecuadamente aquellas multitudes que se conglomeraban, especialmente durante el Triduo Pascual. Generalmente hacíamos un plan de contingencia con los servidores para que todos los aspectos estuviesen cubiertos. Al finalizar cada Semana Santa quedábamos cansados, agotados pero vigorizados por aquella dinámica religioso/espiritual que se formaba y se sigue formando cada año en esa "Montaña Santa" de tan gratos recuerdos.

Brenda muy incisiva cuestiona: —¿cuáles fueron las mayores dificultades que enfrentaste en ese Santuario?. A lo que respondí:

Como no hay rosas sin espinas, a lo largo de más de una década de servir en ese Santo lugar, surgieron algunas dificultades con algunos feligreses que el obispo solía llamar "personas que tienen exceso de amor a la Montaña Santa". Casi desde el mismo momento de mi llegada al Santuario me encontré con un grupo de personas (más que devotos marianos eran seguidores de la Madre Elenita) que estaban más pendientes del más mínimo error que ocurriera en el Santuario que de los servicios pastorales que ahí se ofrecían, con el fin de hacer escrutinio de todo lo que se hacía en aquel lugar, especialmente para criticar o hasta el extremo de enviar alguna notificación al Obispado. Cuando le consultaba al Obispo sobre este pequeño grupo de personas que intentaban demeritar cualquier labor por loable que fuera, él sólo respondía –"Giovanni ten paciencia con ellos y trata de sobrellevarlos, ya los conoces y sabes dónde están sus afectos". Durante más de 10 años procuré llevar la fiesta en paz con "ellos y ellas" aunque no fue tarea fácil.

Aunque siempre he preferido fijarme en las rosas en lugar de las espinas, sólo voy a mencionar un caso extremo cuando una señora que pertenecía al mencionado grupo, publicó un libro plagado de errores sobre la historia del Santuario, se sintió afectada cuando no autorizamos la venta del libro en la librería del Santuario y hasta amenazó con demandarme y, en una ocasión, tuve que servir de testigo en el tribunal de San Lorenzo por acusaciones infundadas después que se hizo una presentación de un trabajo de investigación que se realizó en el Santuario, sobre la historia y vida del lugar. Ella se sintió atacada y ofendida a tal grado que demandó a la joven que hizo la presentación por daños y perjuicios, pero la Jueza desestimó todos los cargos y hasta le requirió a ella pagar todas "las costas" del juicio (gracias a Dios no tuve necesidad de testificar porque a la persona se le cayó el caso por sus mismas incoherencias). A partir de ese evento se enemistó con la administración del Santuario y hasta con el Obispo por no aceptar su sesgada visión que presentó en su libro acerca de la vida e historia del lugar.

Con respecto a la historia y dirección del Santuario, siempre se siguió con la sana doctrina de la tradición de la Iglesia Católica: "ser madre y maestra" para sus feligreses. Esto suena muy bonito, pero no fácil de implementar ya que requiere mucha "paciencia histórica", y muchas veces uno quisiera acelerar el proceso. Personalmente me hubiese gustado encontrar **alguna guía o escrito oficial de la Iglesia,** aunque fuera pequeño, que ofreciera las directrices a seguir en el Santuario, así como también algún artículo que narrara la vida y la historia del lugar, sin embargo, no lo había a pesar de que ya se había publicado un controversial libro[7] sobre el lugar por parte del primer Rector del Santuario (por difundir errores fue retirado y mandado a quemar por el Obispo de su tiempo: Mons. Hernández), un buen día se lo pregunté al Obispo González y me dijo con voz enfática: —"Bueno Giovanni ya tienes varios años en el Santuario, escríbelo tú", y efectivamente, tomé su consejo y decidí escribirlo y publicarlo en el 2010 en la extinta página web del Santuario (www.santuariopr.org).

7 Reyes, Jaime (1992). La Santa Montaña de Puerto Rico. El misterio de Elenita de Jesús. Impreso en México.

Capítulo III
Cambio de mentalidad

La metamorfosis de la mente: "hacer posible lo imposible"

Después de escuchar mi relato, Brenda dice, anteriormente hablaste de la metamorfosis de la mente, ¿a que te refieres con eso?

Antes de responder a esa pregunta déjame contarte una vivencia que tuve a finales de octubre 2019 cuando participé en una conferencia de la OMED (Osteopathic Medical Education) organizada por (AOA), y como apertura de dicha conferencia invitaron al famoso conferenciante Mick Ebeling (filántropo, innovador tecnológico, autor de varios libros, emprendedor y orador. Es CEO de "Not Impossible Labs" y ha sido nombrado por AD AGE como una de las 50 personas más creativas del mundo). Está demás decir que su inspiradora conferencia me impactó mucho sobre todo la parte en donde nos invitó a reflexionar sobre "los imposibles de nuestra vida y de nuestra sociedad", acerca de todo aquello que en el pasado fue considerado como un absurdo, pero hoy con todos los adelantos que hay y las nuevas tecnologías, pudiera volverse a reconsiderar.

Durante la conferencia el Sr. Ebeling nos cuestionó mucho las ideas preconcebidas que la mayoría tenemos y nos invitó a abrir nuestras mentes, a pensar en nuevas posibilidades, incluyendo esas ideas absurdas que alguna vez cruzaron por nuestra mente o que así lo ha considerado nuestra sociedad, esas cosas que, al verlas, al experimentarlas simplemente entiendes que no están bien. Puso el ejemplo de un niño que víctima de la guerra perdió sus extremidades superiores y quedó incapacitado de auto alimentarse. Este conferenciante nos invitó a cuestionarnos honestamente esas cosas que vemos, que experimentamos a decir: "¡Es inaceptable, absurdo, imposible, inaudito!" Eso no debería ser así, no debería de estar pasando, por lo que "debería de haber una solución para cada una de esas situaciones, debería haber otro modo de resolverlo y hacer de este mundo, algo mejor".

Finalmente afirmó que uno no tiene que resolver todos los problemas del mundo, pero cuando logras identificar una realidad: *"cuando una persona enfrenta esa dura realidad que se presenta frente a ti, tú estás llamado a resolverla, cuando conoces su historia y toca tu corazón, es ahí donde podemos transformar lo que para la mayoría es imposible en algo posible".*

Algunas de sus citas favoritas:

"Lo imposible es una falacia total" y "Declina morir hasta que hayas ganado alguna victoria para la humanidad" (de Horace Mann). *"Cómo vas a usar tus talentos?" nos cuestionaba "¿Cómo vas a usar tus bendiciones?*

Hoy también te invito a que te hagas esas mismas preguntas, porque hasta hace poco tiempo había vivido una vida muy inmersa en el quehacer cotidiano, me imagino que igual que la tuya, era de esas personas que te llevan a ocuparte de lo que tienes delante de ti (múltiples responsabilidades) pero que no te permiten ver más allá de lo cotidiano. Sobre todo, si eres alguien que generalmente pasas muy ocupado en cumplir con tu rol.

Cuando reflexiono sobre los últimos años de mi vida consagrada al servicio a los demás o como profesional docente en la Universidad, descubro que viví con el condicionamiento de muchos "imposibles", me había tragado (sin cuestionar) algunos asuntos que simplemente daba por descontado que así eran o debían de ser.

Pero la vida se encarga de irte presentando nuevas perspectivas, algunos los pudieran considerar "imposibles", sin embargo, necesitamos asumir esos retos con la prestancia que requiere el caso; considerando que hoy muchos "imposibles" son posibles de realizar. El primero y más personal que ahora siento es asumir un nuevo rol en mi vida. Hace tan solo unos años atrás ni siquiera lo pensaba y mucho menos lo veía posible. Pero hoy, con la serenidad que dan los años y habiendo hecho todo un proceso de reflexión, discernimiento y toma de decisiones lo veo realizable. Ahora me visualizo ayudando a tanta gente como sea posible a mejorar sus vidas y auguro que con este libro que tienes en tus manos ya lo haya empezado a hacer.

Un parangón con la realidad

Esta situación personal y coyuntural la comparo con lo que todos estamos viviendo actualmente, es cómo adaptarse a vivir en los nuevos tiempos del coronavirus y post-coronavirus, hace tan solo unos meses, era impensable ver el mundo paralizado por un microorganismo que ni siquiera es perceptible a los ojos humanos, pero ha logrado poner de cabeza a los más poderosos, a los más "pintados" del planeta. Ha paralizado al mundo, ha logrado suspender por varios meses el turismo a nivel global, la mayoría de los países han cerrado las fronteras, paralizado miles de vuelos, se han cerrado cientos de hoteles, restaurantes, negocios. Los lugares que una vez estuvieron llenos del ajetreo y el bullicio propio de la vida cotidiana se han convertido en pueblos fantasmas con restricciones masivas, impresiona ver reportajes de los lugares más emblemáticos como la populosa Nueva York completamente vacíos, sin "el hormiguero" de personas que tan solo unas semanas atrás seguían saturando los sitios más visitados. Se han cerrado fábricas, escuelas, colegios y universidades, se han impuesto restricciones a todos los espectáculos multitudinarios, incluidos los deportivos y artísticos. Y pudiéramos enumerar docenas de eventos y actividades que se han puesto en compás de espera.

La respuesta global a esta enfermedad no tiene precedentes, hoy se habla de adaptarse a estos nuevos tiempos. Se habla de la "nueva realidad". Tanto para mí como para ti es nuevo. Pero para el planeta, no lo es. La Tierra ya ha sido testigo muchas veces de situaciones similares a la que ahora estamos viviendo. No obstante, el mundo logró reponerse. La vida continua con los respectivos ajustes que tuvieron que hacer las personas de aquel tiempo después de experimentar una pandemia.

Estoy convencido que después de la fase de "paro clínico" que viven las naciones, llega la metamorfosis de la humanidad en el siglo XXI. Soy de los que confían en que daremos un salto de nivel, aunque sea meramente en la toma de conciencia de lo que hemos hecho hasta ahora y cómo hemos afectado al planeta.

Confío que así va a resurgir lo nuevo, aunque lo haga en otro orden; un nuevo estilo de vida. Una nueva forma de ver las cosas y de vivir la vida. No hay otra alternativa, renovarse o morir. De forma distinta y con un nuevo equilibrio. Entiendo que muchas cosas van a ser diferentes de ahora en adelante, así como en el mundo no vamos a vivir confinados eternamente (cuarentena permanente). Tampoco a nivel personal no voy a vivir en el anonimato toda la vida (se puede hacer por un corto tiempo). Pero llega el momento en que es la hora de recuperar nuestra esencia: vivir la vida del servicio a los demás, de la ayuda desinteresada, de comunicar experiencias, conocimientos, la búsqueda de la felicidad, y sobre todo compartir la vida misma.

Hace un buen tiempo, guardé un escrito en mi colección de "escritos maravillosos" que decía:

> *"Si quieres ser feliz no debe importarte lo que el mundo te ofrezca, sino lo que tú puedas ofrecer, porque todo lo que se da regresa, y ante los ojos del Señor sólo valen las buenas obras. Al final no te llevarás lo que has guardado, sólo se irá contigo lo que has hecho en favor de los demás; es decir, lo que has dado"* (desconozco el autor).

Esto no me es ajeno porque durante más de 30 años lo he vivido y espero seguir viviéndolo el resto de mis días. Aunque sea navegando en otro río, con la certeza de que todos los ríos al final convergen en el mismo mar.

Haciendo posible lo imposible

Brenda interrumpió mi relato con una de sus puntillosas observaciones: "creo que no te estoy entendiendo claramente, suenas a que estás colgando los hábitos"

Pausadamente recuperé mi compostura y le dije que esa es una forma de verlo, sin embargo, para mí tiene otro significado. La vida de cada ser humano es un proceso con distintas etapas. Porque ahora cuando miro retrospectivamente descubro que ya quedó atrás la etapa de misionero, de la cual me queda un sentimiento de profunda gratitud por todo lo que me ha aportado la vida consagrada, veo que me ha transformado en una persona más madura y equilibrada: puede resumirlo diciendo que ahora no soy sólo un "ex" (exreligioso, excura o exprofesor universitario, exacompañante espiritual, exconsejero), sino que soy una persona que ha ido integrando la espiritualidad, la psicología y la docencia, después de una larga experiencia en el campo de la ayuda profesional y espiritual. Ahora estoy listo para devolver todo lo que la vida me ha aportado, no desde una "caja" restrictiva, sino desde la libertad de los hijos de Dios.

Brenda tartamudeó un poco, pero siempre incisiva dijo cómo es eso de "ex", ¿Qué fue lo que pasó? ¿Colgaste los hábitos? Cuéntame desde el principio, porque recuerdo que un día pregunté por ti y me dijeron que te habías ido y que estabas fuera de Costa Rica porque te habías hecho un religioso misionero.

Hice una pausa y añadí, actualmente estoy en un periodo de transición, me estoy enfrentando a un nuevo reto, a un nuevo estilo de vida. Soy consciente de que hay momentos de mucha incertidumbre cuando se está en el momento de la toma de decisiones, aunque lo hayas meditado y reflexionado mil veces. Aún después de dar el paso o el salto al vacío sigues con la tentación de quedarte mirando aquella puerta que acabas de cerrar, como alguna vez dijo Alexander Graham Bell: "*Cuando una puerta se cierra, otras diez se abren, pero a menudo empleamos tanto tiempo mirando la puerta que se cerró que no vemos las puertas que se abren delante de nosotros*"[8].

Luego agregué, -es verdad que, para llegar a este punto, hizo falta tomarse un tiempo para reflexionar, meditar, orar y luego actuar con la convicción de la mariposa que sabe lo difícil que es romper el "cascarón", pero con la certeza de que una vez que abre el capullo, extiende sus alas y está lista para volar con toda libertad. Listo para seguir sirviendo, ahí donde la vida nos envíe, donde el Señor nos guíe, para seguir trabajando en la construcción de su Reino. Ahora me visualizo trabajando con las ovejas del otro "redil[9]". Esas ovejas que algunas veces se han sentido excluidas, marginadas, olvidadas, ignoradas y hasta rechazadas.

Brenda agrega: —me imagino que eso es como es como un nuevo comienzo para ti, a lo que respondí:

Mi situación personal tiene una similitud con lo que actualmente estamos viviendo, a partir de este nuevo orden, "nuestra vida" no será exactamente igual. Como tampoco lo será la era post-coronavirus. Estamos viviendo un momento de inflexión, de cambio y evolución. Desde mi punto de vista, espero que sea para mejorar; entiendo que vamos hacia un mundo más humanizado, más responsable, menos consumista, más consciente y espero que más solidario...

En este momento de inflexión personal, no puedo menos que recordar las palabras de mi apreciado profesor el Jesuita Mateo Andrés[10] que decía que el hombre es por naturaleza un ser "intradistan-

8 No encontré la referencia bibliográfica ya que forma parte de mi colección personal de "citas citables".

9 Biblia de Jerusalén (1984). (Jn. 10,6). Editorial Desclee de Brower. Bilbao, España. "Tengo otras ovejas que no son de este redil; a ésas también yo debo traerlas, y oirán mi voz..."

10 Mateo, Andrés (1999). "El Hombre como Pensador", Editorial: Amigo del Hogar. Sto. Dgo. República Dominicana.

te", es decir, aquella sensación de no llegar a ser lo que realmente es o a lo que realmente debería de ser. El ser humano nunca termina siendo quien en realidad es, pues se mantiene distante a eso, pero anhela llegar a serlo y eliminar esa distancia, pues es consciente de ésta.

A esa sensación existencial es la que se le llama "intradistancia". Recuerdo que el profesor la ilustraba didácticamente con el ejemplo de subir a la cima de un monte, que después de mucho esfuerzo, alcanzas la meta y en ese momento tienes la sensación de haber alcanzado el objetivo, pero no haber logrado la realización; pues casi de inmediato, levantas tu mirada y descubres un nuevo reto por superar, una nueva montaña que se levanta delante de ti, una nueva meta por alcanzar.

Por esa razón (intradistancia) el ser humano toda su vida anda en búsqueda de su realización. Esto le lleva a tomar decisiones "radicales" como la que tomé hace un par de años atrás de dejar el Ministerio Presbiteral. Es paradójico, porque esta decisión, la tomé en uno de los mejores momentos de mi vida ministerial:

1. La tomé en la madurez de la vida.

2. Cuando estaba desarrollando un ministerio muy fecundo en todas las áreas servidas en uno de los principales santuarios de Puerto Rico, esto no solo se reduce a cantidad sino también a calidad del servicio, donde se aumentó el número de personas atendidas y se acrecentaron los distintos ministerios de servidores en el mismo.

3. Había consolidado un proyecto pastoral en el Santuario a nivel Diocesano y más allá de las fronteras de la Diócesis. A todos los niveles: para los peregrinos, para los servidores del Santuario, para los ministerios instalados y para la casa de retiros.

4. Contaba con el reconocimiento de la Autoridad Eclesial y de la mayoría de los feligreses atendidos, tanto a nivel individual como comunitario.

Así son las paradojas de la vida, así es el humor del Divino Creador, recuerdo aquel viejo refrán que dice: "***si quieres hacer reír a Dios, cuéntale tus planes***", ¿por qué?, muy sencillo: generalmente programamos nuestra vida en prácticamente todos los aspectos; cuando entendemos que nuestra estabilidad es mayor, quizás cuando te sientes más cómodo con lo que eres y estás haciendo, de repente ocurre algo que te mueve el piso donde creía que estabas afincado. Se te presentan nuevos desafíos, una nueva cima por escalar que te invita a recorrer caminos intransitados.

Saliendo de mi zona de confort

En un determinado momento de tu vida surge algo que te invita a salir de tu zona de confort y te incita a emprender una nueva andadura. Esto se da cuando sentimos que el proyecto de vida que llevamos ya no nos llena. Descubres una serie de aspectos que te hacen caer en cuenta que ya no te sientes parte de los discursos oficiales de la Institución de la que formó parte y amó profundamente, llega un momento que no te visualizas como parte de ese proyecto. Es a partir de ahí que te das cuenta de que la búsqueda de la realización continúa en otro derrotero. Lo primero que necesitas hacer es ser honesto contigo mismo y luego con los demás. No queda de otra que comenzar a adaptarte a la nueva realidad, como lo está haciendo nuestra gente con la nueva realidad del postcoronavirus. Por eso mi historia es la de aquel que decidió reinventarse a todos los niveles, no sólo vocacionalmente, sino también a nivel profesional, familiar, social y espiritual.

Para salir de mi zona de confort, tuve que darle a mi vida un giro de 180 grados. ¿Qué implica esto?, por un lado, renunciar a aquella "estabilidad" con todas las seguridades y prestigio que el Ministerio me ofrecía y, por otro, abrirme a todas las demás posibilidades, retomar y desarrollar todas las áreas rezagadas: afectiva, psicológica, sexual y todas las demás facetas que un ser humano debe desarrollar para conformar una persona plena, feliz y realizada.

Brenda vuelve a cuestionar: Giovanni ¿por qué esperaste a este momento para tomar esa decisión y no antes?

Mi querida Brenda, siempre he creído que todo tiene su tiempo apropiado, tal y como lo expresa el gran escritor José Saramago[11] en uno de sus poemas:

> *"Tengo la edad en que las cosas se miran con más calma, pero con el interés de seguir creciendo. Tengo los años en que los sueños, se empiezan a acariciar con los dedos, las ilusiones se convierten en esperanza. Tengo los años en que el amor, a veces es una loca llamarada, ansiosa de consumirse en el fuego de una pasión deseada. y otras... es un remanso de paz, como el atardecer en la playa".*

En esta etapa de mi vida, si algo tengo claro es que no debes continuar haciendo aquello que ya no te llena o no te hace feliz por más útil que te sientas en tu servicio o por más reconocimiento o prestigio que tu rol te genere. Más allá de tu familia y amistades más cercanas, a nadie le importa un comino si lo que haces te apasiona, te llena o si te hace feliz. Sólo Dios sabe cuántas veces uno se tiene que autoconvencer que haces lo que debes hacer para seguir haciéndolo, pero llega un momento en que es muy difícil sostener lo insostenible.

Por lo que llega el momento apropiado en que uno se plantea un cambio y se enfoca en aquello que no sólo resuelve algunas necesidades y problemas del mundo, sino también que al hacerlo le da un nuevo sentido a nuestra vida, a la vez, lo puedes disfrutar. Tengo la certeza de que ese momento llegó durante el periodo de transición que estaba viviendo después de marcharme voluntariamente de la Montaña Santa en en junio del 2016.

11 https://www2.uned.es/intervencion-inclusion/documentos/Documentos%20interes/Saramago.pdf

Cuando esto ocurrió me tomé unas vacaciones con mi familia, en donde tuve el tiempo suficiente para reflexionar y darme cuenta que me sentía capacitado para dar el paso y asumir nuevos retos, por varias razones: preparación académica y espiritual, experiencia en distintos campos de la ayuda, conocimiento en la docencia, capacidad de resolución de conflictos, manejo del estrés y de las crisis, así como una gran sensibilidad humana ante el dolor ajeno y el manejo de pérdidas.

Brenda dice: Giovanni cuéntame sobre los imposibles que afloraron en tu mente mientras reflexionabas después de asistir a esa conferencia sobre 'hacer posible lo imposible'.

Ahora sí que me la pones difícil porque ciertamente hubo varios "imposibles" que surgieron a la hora de tomar mi decisión. El primero fue poner en cuestionamiento la razón de por qué en aquel estilo de vida que había libremente elegido ya no me llenaba, ya no me sentía feliz. Al principio me costó muchísimo reflexionarlo y aceptarlo. Pero más imposible me parecía poder cambiarlo.

En segundo lugar, mi preparación en el campo de la psicología me levantó algunos cuestionamientos acerca de la formación eclesial. Aunque había recibido "una buena y extensa formación eclesiástica", me educaron para seguir un patrón, que no sólo se circunscribe al ámbito académico, sino que es todo un estilo de vida que conlleva un cierto grado de adoctrinamiento, como por ejemplo el celibato, donde no hay caminos alternativos (te prepararon para aceptar sin cuestionamientos todo el "paquete"). En el momento en que los analizas más profundamente, es cuando te das cuenta de todo lo que incluye ese "paquete" que aceptaste cuando decidiste seguir ese camino.

Brenda rápidamente riposta: ¿Qué es eso del "paquete"?

Brenda, permíteme hacer una aclaración acerca de esto que llamo el "paquete" antes de seguir mi relato, porque no lo digo en el sentido peyorativo, sino que es algo que forma parte de la vida. Por ejemplo, usted como mujer casada cuando diste el "sí quiero" en el altar, no sólo aceptaste compartir tu vida con tu esposo, sino que también aceptaste un "paquete" que incluía a tu suegra y demás familiares de tu esposo como parte de tu familia extendida. ¿Cierto? Lo mismo ocurre en todas las decisiones fundamentales que hacemos en la vida; todas traen un "paquete" incluido. Lo que pasa es que algunos paquetes traen "sorpresas" incluidas en el mismo y cuando las descubrimos podemos aceptarlas o rechazarlas.

Esta es una de las muchas razones por la cuales algunos temas (incuestionables), al principio, ni siquiera nos lo planteábamos, mucho menos podía debatirlos; por ejemplo, en la jerarquía de mi querida Iglesia Católica no se cuestiona el celibato sacerdotal, el acceso de las mujeres al presbiterado o darles a ellas participación en la jerarquía de la Iglesia. Tal es el grado de rigidez, que por décadas no se consideró que el celibato fuera un tema de debate. Y así hay muchos otros imponderables no cuestionables. Si querías ser sacerdote simplemente tenías que aceptar el "paquete completo". Es decir, asumir las consecuencias de una elección condicionada por la historia y las tradiciones religiosas. Fue unos años más tarde, cuando descubrí en las clases de historia de la Iglesia que no siempre fue así y que en las primeras comunidades cristianas y durante los primeros siglos, el celibato no le era requerido a los sacerdotes.

Brenda, un tanto sorprendida, responde: ¿Qué me estás diciendo, Giovanni? Porque yo toda mi vida he sido católica y nunca nadie ni siquiera en la catequesis me dijeron que durante los primeros siglos de la Iglesia los curas se casaban. Así que cuéntame ¿cómo ocurrió eso?

A lo que respondí: déjame contarte porque tú no eres distinta a la mayoría de los católicos, yo tampoco lo sabía ni siquiera durante los primeros años de seminarista. Recuerdo que fue estudiando teología, en una clase de historia de la iglesia se habló del origen de la Iglesia Oriental, cuando se abordó este tema pude descubrir todo un mundo que sigue vedado para la mayoría de los católicos de occidente.

¿Por qué actualmente el celibato sacerdotal está en predicamento?

Todavía recuerdo con mucha nitidez cómo fue el asunto ya que me despertó mucha curiosidad. Al principio en la iglesia primitiva no existía la prescripción del celibato para el sacerdocio. Tanto es así que en el Nuevo Testamento Pablo recomienda que al obispo se le aconsejaba ser esposo de una sola mujer como dice 1Tim 3,2: "*Un obispo debe ser, pues, irreprochable, marido de una sola mujer, sobrio, prudente, de conducta decorosa, hospitalario, apto para enseñar*"12. Al obispo se le aconsejaba ser esposo de una sola mujer y amarla como Jesús amó a la iglesia y se entregó por ella según se afirma en la epístola a los Efesios 5:25 "*Maridos, amen a sus mujeres, así como Cristo amó a la iglesia, y se entregó a sí mismo por ella*".

Con respecto al celibato, en Oriente, se dieron diversas prohibiciones y concesiones, se les permitió desde el siglo VII en adelante, a los sacerdotes y diáconos, vivir con sus esposas si ya habían contraído matrimonio antes de ser ordenados como sacerdotes. De esta manera el celibato aparece en la Iglesia oriental, pero como un requisito sólo para aquellos clérigos que aspiraban a ocupar los más altos cargos de la iglesia (obispos y cardenales).

Por otra parte, es importante mencionar que además del clero secular que atendía las parroquias, surgieron los religiosos que eran varones consagrados que vivían en monasterios en los que se observaba no sólo castidad sexual sino también pobreza y obediencia[13] como los Ascetas, por ejemplo, que buscaban la purificación progresiva y

12 1984 Biblia de Jerusalén, (1Tim 3,2) Desclee de Brouwer, Bilbao, España.

13 Fernando Caraballo, Protestantismo y Biblia, Soluciones Católicas a los problemas que plantean nuestros hermanos protestantes (Buenos Aires: Ediciones Paulinas, 1955), 199.

esfuerzo constante para conseguir un ideal moral y agradar a Dios no importando qué cosas tenían que sacrificar y abandonar. Recibieron varios nombres los que lo practicaron: confesores (confiesan su fe), los continentes (practican la castidad) y los ascetas. A las mujeres consagradas (religiosas) se les dio el nombre de: esposas de Cristo, siervas de Dios o vírgenes consagradas[14].

Durante los primeros siglos los sacerdotes católicos no necesitaban ser célibes. A partir de los siglos III y IV empezaron los movimientos que lo proponían. Sin embargo, la idea se materializó a partir del siglo XI. Papas como León IX y Gregorio VII temían por la "degradación moral" del clero. Así el celibato quedaría instituido en los dos concilios de la Basílica de San Juan de Letrán - el primero, en 1123, el segundo en 1139. A partir de los concilios, quedó decretado que los clérigos no podrían casarse o relacionarse con concubinas.

En el Occidente, la norma del celibato fue promulgada por la iglesia latina, primero de forma implícita en el primer concilio de Letrán[15] hacia el año 1123 de nuestra era, bajo el Papa Calixto II, y más tarde, explícitamente, en los cánones 6 y 7 del segundo concilio de Letrán[16] 1139 bajo el Papa Alejandro II. Mientras el primer concilio sólo habla de la disolución matrimonial de los clérigos mayores, el segundo decretó la invalidez del matrimonio. Es decir, se llegó a la conclusión: "los matrimonios de subdiáconos, diáconos y sacerdotes después de la ordenación son inválidos: y los candidatos al sacerdocio que ya están casados, no pueden ser ordenados. Esta decisión fue confirmada por los Papas: Alejandro III en el año 1180 y Celestino II en 1198.

En síntesis, durante los primeros 1,200 años de la Iglesia Católica a los sacerdotes no se les requirió el celibato para ejercer su ministerio.

14 Carlos Fuentes "¿Qué significa Ascetismo?" http://es.geocities.com/ sacravi rginitas/ascetas.htm (2006).

15 http://www.enciclonet.com/articulo/concilio-de-letran/

16 https://www.ecured.cu/II_Concilio_de_Letr%C3%A1n_(1139)

El Dr. en sociología Marco A. Gandásegui[17] nos ofrece otra versión sobre el celibato. Él explica que la norma fue impuesta por razones económicas para proteger el patrimonio de la institución eclesiástica. Si los curas se casan, su esposa y sus hijos deben heredar sus bienes. En cambio, si son solteros, la corporación religiosa lo hereda todo; concluyó el sociólogo.

También, en las últimas décadas, la Jerarquía de la Iglesia Católica ha variado levemente : al aceptar sacerdotes casados (conservadores) procedentes de la Iglesia Anglicana o Episcopal; cuando dicha Iglesia aprobó la ordenación de las mujeres o permitió la ordenación a los homosexuales. Esto provocó un éxodo de aquellos sacerdotes más conservadores a la Iglesia Católica, especialmente en USA. Sin embargo, es curioso que a estos sacerdotes que tenían esposa e hijos el Papa Benedicto XVI no les requirió el celibato.

En el 2012 tuve la oportunidad de tener una experiencia de inmersión en la Diócesis de Baltimore (Maryland, USA), en donde conocí un sacerdote exepiscopal (casado) que ejercía su ministerio presbiteral en esa conservadora Diócesis, quien normalmente iba acompañado de su esposa a las celebraciones eucarísticas que presidía, me dijo que hacía un par de años el Papa Benedicto XVI lo había aceptado en la comunión católico-romana.

Y así puedo mencionar otros casos más llamativos (2015) como el del P. **Robin Fellow**[18] (exepiscopal). Este británico forma parte de un grupo de nuevos curas anglicanos que se integraron a la Iglesia católica en el Reino Unido, sin la obligación de adoptar el celibato, al contrario de lo que se les exige a los sacerdotes que originalmente son católicos. Quiere decir que algo está cambiando muy lentamente, pero no lo que actualmente necesita la Iglesia del Siglo XXI.

17 https://www.laestrella.com.pa/nacional/190925/enemigo-iglesia-celibato-silencioso

18 https://www.bbc.com/mundo/noticias/2015/02/150209_vaticano_sacerdocio_celibato_wbm

"Con cuatro hijas todavía pequeñas y un bebé en camino dentro de unos meses, la mujer de Robin Fellow (de anteojos sin mitra) ya le advirtió: tendrá que llevarse a la menor al trabajo en los días más complicados".

Algunos ven esta decisión del emérito Papa Benedicto XVI en el 2009, como algo sorprendente debido a su perfil conservador y muchos críticos de sus posturas la ven como una simple maniobra para atraer a los anglicanos insatisfechos con algunas de las medidas más polémicas de esa rama del cristianismo, en especial la ordenación de las mujeres y de sacerdotes u obispos homosexuales.

Sin embargo, parece que los tiempos están cambiando y ahora el actual papa Francisco no solo ha dado continuidad a esta política asumida desde el 2009, sino que ha dado signos de mayor apertura, cuando públicamente ha reconocido que el celibato no es "dogma de fe", sino una norma disciplinaria. Pero el Papa sigue teniendo una visión tradicional del mismo, defiende el celibato por considerarlo un "don" para la Iglesia y rechaza que sea una "opción" para algunos, según expresó en enero de 2019. El pontífice argentino, sin embargo, reconoció que en algunos casos se pudiera permitir "por razones pastorales", como por ejemplo para los curas en lugares muy remotos, como en las islas pacíficas o el Amazonas, ante la escasez de curas.

Es triste pensar que si se hace lo mismo siempre se van a obtener resultados distintos o como decía A. Einstein "No esperes resultados diferentes si siempre haces lo mismo". De acuerdo con las estadísticas presentadas en un estudio de la **Universidad de Georgetown**, en EE. UU., citando documentos del Vaticano, la cifra de católicos en el mundo creció 64%, entre 1975 y 2008, llegando por primera vez a los mil millones. El mismo estudio, sin embargo, estima que hay poco más de 400,000 sacerdotes en el mundo y que ese número se ha estancado durante los últimos 40 años, provocando carencias de presbíteros en muchas partes del mundo. Recuerdo cuando estuve haciendo una experiencia pastoral en la Diócesis de Baltimore (Estado de Maryland, USA) en donde conocí un párroco que estaba a cargo de 6 parroquias y era frecuente encontrar párrocos a cargo de 2 o 3 parroquias, por la escasez de sacerdotes.

La enorme escasez de sacerdotes se ha reflejado en casi todo el mundo, por ejemplo, en Brasil, según el más reciente censo del Instituto Brasileño de Geografía y Estadística (IBGE)[19], 120 millones de brasileños se declaran católicos. Por su parte, el censo anual de la Iglesia católica en Brasil estima que solo hay 22 mil sacerdotes para atender los 120 millones de fieles.

Tan recientemente como en el 2019, Monseñor Erwin Kautler, obispo austríaco que desde hace 30 años es el prelado de la parroquia de Xingú, estado de Pará, en Brasil es uno de los obispos brasileños que proponen una flexibilización del celibato, dice[20]:

> *"No estoy defendiendo el fin del celibato. Defiendo el principio de presidir el sacramento de la eucaristía, por ejemplo, no sea una prerrogativa exclusiva de un hombre célibe".*

Claramente esto lo hace movido por la necesidad de presbíteros en su Diócesis, donde dice contar con solo 27 curas para 800 comunidades de su región.

19 https://g.co/kgs/JCBvey

20 https://www.bbc.com/mundo/noticias/2015/02/150209_vaticano_sacerdocio_celibato_wbm

El pasado 0ctubre de 2019, la propuesta se reprobó en el Sínodo de los Obispos, realizado en Roma, sobre la Amazonía, de poder ordenar sacerdotes a hombres casados en las zonas más aisladas de esta región, una iniciativa incluida en el documento final que fue votado por el Sínodo de los obispos y cardenales y que ha sido uno de los temas más controvertidos en intensos debates.

Se quedó en un intento de la curia romana, la propuesta que decía[21]: "Proponemos (...) ordenar sacerdotes a hombres idóneos y reconocidos de la comunidad que tengan un diaconado fecundo y reciban una formación adecuada para el presbiterado, pudiendo tener familia legítimamente constituida y estable".

Esto se podría considerar un pequeño paso, pero es a la vez un gran paso en la historia de la Iglesia ya que después de más de 8 siglos de historia, el Sínodo de los Obispos tenía la oportunidad de aprobar dicha propuesta, pero no alcanzó los dos tercios de los obispos y cardenales presentes. Lo cual hubiese sido un hito en la historia de la Iglesia. En mi opinión el celibato obligatorio no da más, se necesitan cambios (no cosméticos) estructurales en la jerarquía de la Iglesia porque gracias a esta rigidez nos estamos perdiendo de un recurso humano invaluable. Al igual que muchos, creo que el celibato debería ser opcional.

Otras consideraciones acerca del Celibato

Cuando se ha vivido la experiencia celibataria por varios años, se llega a la convicción de que el valor intrínseco del celibato no se discute y en el camino del ministerio me encontré con excelentes seres humanos que con mucha ilusión optaron por el presbiterado. Pero por distintas razones decidieron dejarlo, siendo la de más peso la del celibato. Muchos se preguntan, acaso no tenían vocación, pro-

21 https://www.telam.com.ar/notas/201910/403485-obispos-proponen-al-papa-ordenar-sacerdotes-a-hombres-casados-en-la-amazonia.html

bablemente sí la tenían, pero no estuvieron dispuestos a cargar con la obligatoriedad del celibato.

Durante los últimos años se han levantado muchos cuestionamientos dentro de la Iglesia católica, tal vez el más sonado fue el del famoso padre Alberto Cutie[22] (hoy sacerdote episcopal en la Florida, USA); quien dijo: "Yo estoy convencido de que todo hombre que entra en el seminario tiene un llamado de Dios a ser sacerdote, pero no todos tienen el llamado al celibato".

Se podría dar un sinfín de razones a favor y en contra; según mi perspectiva después de 30 años de vida consagrada, entiendo que el celibato debería ser opcional, justamente para darle oportunidad a todos aquellos que sin asumir este "requisito obligatorio" quisieran ofrecer sus dones y talentos al servicio de la Iglesia. Conozco varios sacerdotes casados que dejaron sus ministerios, pero estarían deseosos de que les den la oportunidad de servir a tantas personas necesitadas del acompañamiento ministerial.

En el camino ministerial también me he encontrado con distintas personas (generalmente miembros del clero), algunas muy comprometidas con la posición tradicional acerca del celibato que opinan lo siguiente:

- Frecuentemente se escucha decir entre los clérigos que el Celibato no es obligatorio, sino que lo consideran un don, por eso después de 10 años de preparación es aceptado sin cuestionamientos. Una vez aceptado se considera un pecado grave romper el voto, ya que se ha elegido libremente como parte del "paquete".

22 https://www.univision.com/miami/padre-alberto-no-falle-en-el-amor-falle-en-el-cumplimiento-de-una-norma-eclesiastica

- Otros opinan que el celibato es motivado por el amor a Dios, en primer lugar, y el amor a las personas, así como Cristo lo hizo.

- La mayoría coincide en que el celibato está inspirado en Jesús, porque es el mayor ejemplo para los célibes, ya que Él nunca se casó.

- Otros afirman que a través del celibato se puede alcanzar poco a poco la perfección que Dios quiere; servir a la iglesia y de este modo ser más grato a Dios.

- Un sacerdote célibe cumple más plenamente la función de Cristo de perdonar, orar e interceder por los pecadores.

- Para otros, el celibato constituye una severa rectificación de la naturaleza humana que sólo unos pocos elegidos pueden afrontar sin grave menoscabo; esos pocos elegidos siempre serán los sacerdotes entregados con mayor esmero a su ministerio, pues no habrá una familia carnal que los distraiga.

- Finalmente, la jerarquía reconoce y acepta que la enseñanza y práctica del celibato es una norma disciplinaria de la iglesia y no un dogma de fe, por lo cual es posible su abolición o modificación, prueba de ello es que en la iglesia oriental los sacerdotes pueden tener esposas.

En síntesis, puedo concluir este apartado diciendo que por mucho tiempo también defendí estos postulados tradicionales, especialmente cuando estaba en la vida religiosa o consagrada donde se vive en comunidad. Pero luego la maestra vida me fue enseñando que **lo que es una obligación no es don**, ahora entiendo que el celibato debería ser una opción y no una norma disciplinaria como hoy es reconocido por la autoridad eclesiástica, pues va en contra del principio bíblico que estableció Dios cuando dijo "no es bueno que el hombre esté solo, le haré ayuda idónea, recalcó, además: dejará el hombre a padre y madre y se unirá a ella y serán una sola carne. Y los bendijo Dios y les dijo Dios: Crezcan, multiplíquense, llenen la tierra" (Gen. 1,28) A mi buen entender ésta es la teología de la familia que quiere Dios, familias felices. Entre ellas la del sacerdote, que así lo quiera, podría formar una para que sea testimonio dentro de la comunidad de fe.

Capítulo IV
Tomar decisiones no es tarea fácil

La toma de decisiones

En un momento Brenda me lanzó otra pregunta a quemarropa: —¿Cómo fue que tomaste la decisión de cambiar tan drásticamente?

Le comenté a Brenda que esta pregunta me la había hecho docenas de veces, acerca de ¿cómo realizar una buena toma de decisiones en la etapa de madurez de tu vida? La cual se podría responder desde distintos niveles, pero decidí hacerlo desde el ámbito más personal de todos.

Agregué, -durante los últimos años he reflexionado mucho sobre los asuntos esenciales del ser humano, tales como el sentido de la vida, ¿por qué hacemos lo que hacemos?, la fe, la espiritualidad, la realización personal, la plenitud, la felicidad entre otros. Y hace un par de años le compartí a una persona muy significativa para mí (mi hermana menor) que no me estaba sintiendo del todo bien en lo que era y lo que hacía, le explicaba que percibía que en mi ministerio hacía mucho bien a muchas personas, percibía que las hacía felices, pero no me estaba sintiendo feliz. Era como un sentimiento de "incomplitud".

Brenda muy puntillosa, exclamó: ¿Que significa "incomplitud"? Luego agregó: —"No fue que te quemaste", por lo que le respondí: —creo que no me entendiste cuando digo del sentimiento de "incomplitud", es muy diferente al "burnout" o quemazón, es una especie de situación existencial donde ya no te sientes feliz con lo que eres y lo que haces, no es como un médico que se quema en su profesión y ya no quiere seguir atendiendo las personas porque siente que ya no tiene algo que aportar o energía para seguir ayudando al que lo necesite.

Esa sensación de "incomplitud" lo digo en otro sentido, es una especie de convencimiento al que llegué después de reflexionarlo mucho y por un tiempo prolongado. En donde reconocía que en mi vida había una serie de áreas que sí se habían desarrollado plenamente (por ejemplo, la intelectual), pero otras se habían quedado rezagadas (por ejemplo, la afectividad, la sexualidad, etc.). Te puedo decir con toda honestidad y modestia aparte, que en mi ministerio hacía mucho bien a la mayoría de las personas que buscaban ayuda tanto pastoral como psicoespiritual y que el ministerio que desarrollaba era muy fecundo por los testimonios y las distintas opiniones que recibía después de cada servicio ofrecido , tanto a nivel individual como colectivo.

Pudiera mencionar docenas de testimonios de personas que así lo expresaron tanto verbalmente como por escrito. Recuerdo un testimonio vía e-mail que me envió una feligresa después de asistir a una Misa de Sanación:

> "Hoy fui a la misa de sanación y escuché la homilía, siempre es un gusto para mi escuchar como Dios te utiliza para que llegues al corazón de tantas personas. Sabía que la misa era larga, pero en ese momento las horas se me pasaron volando, porque sé que Dios tenía un propósito grande para mí".

En ese momento mi amiga Brenda me preguntó acerca de las Misas de Sanación, por lo que procedí a darle una breve explicación:

- Las misas de sanación en general son unas celebraciones eucarísticas especiales que celebrábamos con mucho avivamiento, en donde hacía énfasis en los carismas y dones del Espíritu Santo, a fin de contribuir a la fortaleza física, mental y espiritual en la salud de los participantes.

- En el Santuario las realizábamos una vez al mes durante los sábados por la tarde-noche. Estas eran muy concurridas- a tal grado que en muchas ocasiones necesitábamos acomodar toldos (techos provisionales de lona) en el exterior del templo para acomodar las personas que necesitaban asientos adicionales. Recuerdo que al poco tiempo de iniciar con las misas de sanación nos vimos en la necesidad de comprar 300 sillas plegables adicionales para que las personas pudiesen tener un espacio donde sentarse. La capilla tenía una capacidad para 350 personas sentadas, sin embargo, siempre había gente de pie en las celebraciones especiales. Estimamos que las misas de sanación eran frecuentadas por alrededor de 600 personas en promedio.

- Las personas venían de todas partes de la isla (era frecuente encontrar presencia de personas de las 5 Diócesis) y en muy poco tiempo se convirtió en una celebración muy popular dentro de la comunidad católica en Puerto Rico.

- Este era un espacio privilegiado en donde las personas buscaban sanación en los distintos ámbitos de su vida: tanto a nivel emocional o psicológico, como también físico y espiritual; a tal grado que en los últimos años estuvimos recopilando testimonios de sanaciones en algunas personas para publicarlas y que sirvieran de inspiración para otras (Este proyecto nunca se materializó).

- La presencia de Dios se manifestaba grandemente y de diversos modos en aquellas misas que con mucho gusto celebraba.

- Aún hasta el día de hoy recuerdo aquellas celebraciones, donde el poder de Dios se percibía de manera particular y donde se lograba crear un espacio de adoración.

- Estas celebraciones podrían parecer muy demandantes físicamente ya que duraban cerca de tres horas, no obstante, las vivía con tal intensidad, fervor y entusiasmo que revitalizaban mi espíritu y todo mi ser.

- Realmente no puedo decir que experimenté el agotamiento psíquico o "burnout" como lo experimentan algunos profesionales actualmente. Esta es una epidemia de nuestro mundo posmoderno que cada día se percibe en los distintos ámbitos profesionales".

Concluí diciéndole a mi amiga Brenda, que en mi caso ocurrió algo diferente, fueron aspectos más existenciales, que luego retomaremos.

Brenda una vez más insiste:

—¿Qué quieres decir con que hay unas áreas de tu vida que quedaron rezagadas?

Como te mencioné anteriormente, este tiempo de reflexión me ha permitido descubrir que ciertamente hay otras áreas de mi vida que se habían ido quedando rezagadas, no por voluntad propia sino porque eran excluyentes de la opción realizada (eran parte del "paquete", entiéndase el adoctrinamiento en la formación eclesiástica). Esto se hizo patente cuando en el 2008 visité las Iglesias católicas del medio oriente (Grecia, Turquía y Egipto) y tuve la oportunidad de participar en servicios religiosos celebrados por sacerdotes católicos del rito oriental (en comunión con Roma), donde pude confirmar que un cura con su hijito en brazos puede ser un mayor testimonio del amor de Dios que el celibato de un buen porcentaje de curas seculares que lo viven a medias o lo soportan como una carga pesada (muchos feligreses los perciben como solterones amargados).

Esta visita al medio oriente (2008) me hizo reflexionar, por varios años, acerca de aquellos aspectos que se habían quedado rezagados en mi vida como sacerdote; la renuncia a una parte esencial de la afectividad, a la sexualidad, así como la inadmisible soledad a la que están confinados la mayoría de los sacerdotes del clero secular. No obstante, chocan con el paradigma establecido cuando se examinan a la luz de lo que tradicionalmente se llama "la integración de la afectividad y la sexualidad en el celibato". El gran reto que le presentan al candidato a presbítero es integrar su dimensión humano-afectiva en las relaciones humanas y en los contactos pastorales.

Agregué, recuerdo haber leído con asombro, un documento escrito por la conferencia episcopal argentina, titulado "La dimensión humana en la formación permanente del sacerdote" (2017) [23] dice:

> *"Esta paradójica presencia en la ausencia, es la que hace que la soledad, experiencia inevitable en nuestra entrega celibataria, sea una soledad habitada, que permite realizar la vocación en la comunión inscrita en nuestra humanidad, y cumplir nuestra misión siendo servidores de la comunión. Ser un hombre célibe no significa ser un solitario. Uno podría llevar una vida moralmente correcta, con un pretendido amor universal, diciendo que ama a todos, pero en realidad sin amar a nadie en concreto. La formación ha acertado al acentuar el aspecto comunitario, pero pienso que es un desafío formar en esta dimensión de la vida ministerial que es la soledad habitada".*

A primera vista parece que la Jerarquía de la Iglesia está consciente de la terrible experiencia de la soledad que generalmente viven los presbíteros seculares; por eso tratan de glorificar la experiencia de la soledad con una justificación sacrificial y sublimada, sin embargo, a nivel psicológico no lo es, porque el ser humano es por naturaleza relacional. Con la feligresía se establece una relación de ayuda pastoral pero no de amistad.

No es de extrañar que en el 2017 un grupo de 7 sacerdotes alemanes retirados, enviaran una carta pública al Papa Francisco, pi-

23 http://www.clerus.va/content/dam/clerus/Dox/02%20-%20Dimensi%C3%B3n%20 humana.pdf

diendo el fin de la "soledad" del celibato de los presbíteros con el argumento de que tal precepto les **obliga a una "vejez en soledad"**:

> *Al acercarse a la vejez "se sienten especialmente los efectos de la vida sin pareja y la soledad"*[24]*, afirman los religiosos, en un escrito publicado por el diario 'Kölner Stadt-Anzeiger', de la ciudad de Colonia.*

Mi estimada Brenda, la razón principal es muy simple, nacemos como seres sociales, que por naturaleza necesitamos el contacto con otros humanos. Como seres sociales, somos criaturas destinadas a vivir en sociedad. Nuestra vida consiste en encontrar nuestro lugar dentro de la comunidad de seres humanos. Si lo vemos desde lo más básico, nada más nacer, alguien interactúa con nosotros; nos cuida, nos alimenta, nos brinda afecto y cariño, además, establece un fuerte vínculo afectivo a través del contacto piel con piel.

Hay una incoherencia manifiesta entre estas dos posiciones que tradicionalmente ha sostenido la jerarquía de la Iglesia Católica occidental porque por un lado se le pide a los célibes renunciar a su sexualidad humana, al afecto, a la compañía, etc.; y por otro, se sigue defendido **el principio de la naturaleza** para todo lo que tiene que ver con la sexualidad humana de las parejas heterosexuales y es hasta excluyente en todo lo que respecta a las parejas homosexuales, condenando "las preferencias sexuales", la homosexualidad, etc.

Tal y como defiende la tradicional postura del magisterio de la Iglesia Católica, expuesta en diversos documentos25 oficiales, afirma que la naturaleza sexual de los seres humanos está orientada a un único fin: el de cumplir con la voluntad divina de procrear la vida.

24 https://www.20minutos.es/noticia/2932326/0/sacerdotes-alemanes-piden-carta-fin-soledad-celibato/?autoref=true

25 "Carta encíclica Humanae vitae, 11 y 12; Congregación para la Doctrina de la Fe, "Declaración Persona humana sobre algunas cuestiones de ética sexual". Y también en el Documento del Concilio Vaticano II, "Constitución pastoral Gaudium et spes sobre la Iglesia en el mundo actual", 47-52; Pablo VI.

Los seres humanos son sexuados para poder cumplir con la función procreadora. Así se expone la encíclica Humane vitae, de 1968:

> *Esta doctrina, muchas veces expuesta por el magisterio, está fundada sobre la inseparable conexión que Dios ha querido y que el hombre no puede romper por propia iniciativa, entre los dos significados del acto conyugal: el significado unitivo y el significado procreador.*

El ejercicio de la sexualidad, según este enfoque de la Iglesia tradicional, responde a la necesidad humana de complementariedad entre el hombre y la mujer, al tiempo que atiende al propósito Divino de procreación de la especie humana. En consecuencia, todo ejercicio de la sexualidad que no apunte a estos dos sentidos, unitivo y procreativo, es rechazado como acto pervertido del comportamiento humano.

Sin embargo, este restringido principio "natural" que tradicionalmente ha defendido a capa y espada la Iglesia católica no se aplica al celibato. Uno de los principales argumentos esgrimidos en contra de la actual disciplina del celibato en la Iglesia Occidental es de que no se trata de un argumento revelado (bíblico), sino una cuestión de disciplina eclesiástica y de derecho canónico, y por eso, hoy se plantean en las altas cúpulas del Vaticano que la ley del celibato puede ser abolida en cualquier momento (asunto que todavía lo veo lejano).

Si hacemos un breve recuento histórico, nos damos cuenta de que durante más de 1,000 años en la historia de la Iglesia (primeros siglos) no se les exigió el celibato a sus sacerdotes, excepto aquellos que aspiraban a ser obispos. Nos preguntamos ¿Por qué? ¿Qué fue lo que ocurrió? Como casi todas las cosas que han ocurrido a lo largo de los siglos en la Iglesia, algunos asuntos se tienden a espiritualizar o glorificar, y el celibato no fue la excepción. Si lo analizamos desde la perspectiva bíblica encontramos que hasta contradice el mandato bíblico[26] que postula:

26 Biblia de Jerusalén. (1984). *(Mt, 19,5)*. Desclee de Brouwer. Bilbao, España.

> *"No es bueno que el hombre esté solo. Hagámosle una compañera semejante a él " (Gn 2,18) . Y añade: "...por eso dejará el hombre a su padre y a su madre y se unirá a su mujer, y vendrán a ser los dos una sola carne" (Gn 2,24) . Así quedó fundada en el inicio de la humanidad el matrimonio. Los bendijo Dios diciéndoles: " Crezcan, multiplíquense y llenen la tierra" (Gn 2,28). Luego Jesús lo refrendó cuando dijo: "Por esta razón, dejará el hombre a su padre y a su madre, y se unirá a su esposa, y los dos serán una sola carne".(Mt, 19,5).*

Desde que se aprobó el celibato obligatorio para los clérigos seculares (presbíteros), ellos entienden el amor en una sola dirección; como una especie de enamoramiento de lo Divino. La persona célibe dirige todo su eros, es decir, su deseo de amor humano, hacia Dios, y desde Dios, a los demás. Este tipo de persona célibe debe amar como solo Dios ama: a todos, infinitamente, y por igual. Mientras que la persona casada ama a su cónyuge. Aunque esta postura se ha glorificado con toda clase de argumentos (incluso bíblicos), sin embargo, no encuentro oposición *entre el amor a Dios y el amor a la pareja porque son dos amores distintos.* Así como es distinto el amor que se le tiene a los padres, a los hijos y a la esposa, sin que haya ninguna contradicción entre ellos.

¿Cómo hacer una sana toma de decisiones?

Luego Brenda cuestiona, según tu experiencia: —¿Cómo hiciste esta toma de decisiones?

Mi querida Brenda, hasta el día de hoy no tengo todas las respuestas y no cuento con una fórmula mágica que les sirva a todas las personas por igual a la hora de tomar sanas decisiones, pero sí busco facilitar una reflexión a todo aquel que se encuentre ante una encrucijada de la vida. Porque tarde o temprano, llega un momento en que miras hacia atrás y puedes ver serenamente tu historia personal y descubres que ese recorrido histórico es la consecución de las decisiones que has ido tomando, pero si miras hacia adelante también descubrirás que nuestro futuro está condicionado por aquellas decisiones que ya hemos tomado y lo vamos forjando a través de las futuras decisiones. De ahí se deriva la importancia de la toma de decisiones en la vida de las personas, ya que en último término cada uno es, lo que decide ser.

Lo que sí podemos decidir es si lo queremos hacer nosotros o si preferimos que otros lo hagan por nosotros. De hecho, tomar decisiones significativas es una de las actividades más importantes que realizamos las personas a lo largo de la vida. Ante esta encrucijada no iba a dejar que la vida tomara las decisiones por mí. Llega un momento en que ya no se puede postergar más el tiempo.

Estaba muy consciente de lo que debía hacer, no como aquel que se encuentra ante una trivialidad, sino ante una decisión significativa:

Una que implica dar un golpe de timón y elegir un nuevo estilo de vida el cual para un buen número de personas la podría considerar una decisión negativa o inclusive ser catalogada hasta "mala", aunque no lo fuera.

La otra alternativa consistía en continuar con tu estilo de vida, con tu rol, aunque ya no te sientas feliz (tal y como hace un gran número de personas) y seguir haciendo como el payaso que hace reír, aunque estés llorando por dentro. Soy de los que creen que todas las personas tienen derecho a ser felices y deben actuar en consecuencia. Lo que pasa es que nos envolvemos o nos dejamos envolver por el ritmo vertiginoso de la vida y se nos olvida que para ser feliz hay que tomar decisiones.

Por otra parte, sería muy provechoso que no nos adaptemos a lo que NO nos hace felices. A lo largo de mi vida he conocido múltiples personas adaptadas a diversas situaciones que les hace vivir de manera miserable y pasan mucho tiempo aferrados a aquello que les hace infeliz. En palabras de Jesús: "Parecen muertos que caminan".

Recuerdo que de adolescente tenía unas botas de fútbol (tacos) muy queridas, que al estar en un periodo de crecimiento al poco tiempo me quedaron pequeñas, pero me gustaban y estaba tan adaptado a ellas que las seguía usando a pesar de la incomodidad y las ampollas que me causaban en los pies después de cada juego. Igual pasa en la vida, a veces estamos tan acostumbrados o adaptados a un estilo de vida, a un trabajo, a una relación etc.; que no las queremos soltar. Sin embargo, la felicidad no debe doler como los zapatos que te aprietan, te incomodan o te causan ampollas. Todo lo contrario, la felicidad pone alas en nuestros pies para que podamos volar, es decir, alcanzar aquella plenitud para la cual fuimos creados.

Cuando lo analizamos psicológicamente, descubrimos que generalmente nuestro cerebro viene equipado de una enorme neuro-plasticidad y tiene una gran capacidad de adaptación; esto puede ocurrir tanto por el lado positivo como por el negativo, ya que también existen muchas personas muy resistentes al cambio (una vez que nos hemos adaptado a un estilo de vida nos cuesta cambiar) porque nos condiciona a permanecer el sitio que otros nos han asignado o en nuestra "zona de confort", aunque esta no nos permita ser feliz o movernos en una nueva dirección.

A esta mentalidad se le conoce como "pensamiento condicionado" porque es aquel que nos susurra al oído: "adáptate, aunque no seas feliz, porque la seguridad garantiza la supervivencia". Podría decir, casi sin temor a equivocarme, que una buena parte de nosotros nos adaptamos casi a la fuerza a muchas de nuestras rutinas cotidianas, incluso siendo conscientes de que no nos hacen felices. Esa sería una de las tantas razones por la cuales muchas personas permanecen en situaciones o circunstancias que no le generan felicidad. Incluso que les depara una vida llena de insatisfacciones (por ejemplo, las mujeres maltratadas), también están aquellas personas con profesiones o trabajos insatisfactorios por las cuales viven amargados y continuamente quejándose de su trabajo, de su pareja o de su realidad.

Si profundizamos un poco más a nivel laboral,encontramos que son muchas las personas que optan por aceptar unos trabajos que ni siquiera forman parte de su área de "expertise" o su vocación, a veces movidas por la necesidad o pensando que es algo transitorio y, por años, se quedan desempeñando roles que no les corresponde; pero saben que es el único modo de "sobrevivir" a su realidad, es adaptándose a determinadas circunstancias que la decisión tomada les requiere.

Esto lo hacen por varias razones: porque tienen compromisos económicos adquiridos, cuentas por pagar todos los meses (se sienten atados de pies y manos). Estas ataduras no solo se dan en el plano laboral-económico sino también a nivel emocional, se parecen a esas personas que se aferran hasta a un "cadáver" (relación tóxica) y se auto convencen de que no apesta o que "el cadáver" sigue teniendo vida, aunque ya no lo tenga. Sí, sin duda, lo más peligroso de los amores tóxicos es que nos impiden darnos cuenta de que no se trata de amores, sino de cadáveres y que cuanto antes los enterremos, mejor. Si sientes que vives esta circunstancia te invito a soltar esos "cadáveres" a los cuales vives aferrado y a comenzar a disfrutar la vida que mereces, aunque esto requiera tomar decisiones difíciles.

Brenda dice: me podrías dar ejemplos de esos "cadáveres emocionales" a los que se aferra la gente.

En mi práctica, ayudando a las parejas, conocí un buen número de personas que preferían mantener el vínculo de su relación con su pareja porque un día firmaron un papel o adquirieron un compromiso social o religioso mediatizado por circunstancias o situaciones de la vida que les condicionaron aquella decisión. Algunos manifestaban que estas decisiones que tomaron en una determinada circunstancia les condenaron a permanecer subyugados a aquella difícil realidad, aunque en su relación ya no existiera un verdadero amor, muchos se habían casado por condicionamientos, intereses y hasta obligaciones; sin embargo, permanecían juntos por años sin que hubiese una relación auténtica y mucho menos felicidad.

Para otros, su decisión estuvo fundamentada en el espejismo de escapar de una situación difícil o la fantasía de rescatar a alguien que claramente tenía muchas carencias, pero la persona pensó que con él o ella sería una experiencia diferente (decían: "yo si voy a poder sacarlo del alcohol o de las drogas") y para ello no dudó en empatarse y adaptarse a la talla de un corazón que no iba con el suyo.

Recuerdo el caso de María y Juan[27], cuando ella vino a mi oficina con una terrible crisis nerviosa y muy deprimida, llevaban cerca de 20 años de casados, viviendo un auténtico infierno en donde ambos se hacían la vida imposible. Relataba que ella procedía de una familia muy religiosa con una visión muy tradicional; explicaba que se casó con Juan porque siendo muy joven (menor de edad) salió embarazada y sus progenitores para tapar "la metida de pata", como ella le llamaba, los condicionaron (obligaron) a casarse por "el qué dirán" de sus familiares y vecinos.

Ella decía que la felicidad no les duró ni el período de la "luna de miel" (pues prácticamente no la tuvieron). Casi desde el primer día el joven Juan todo lo que ganaba lo gastaba en alcohol y ella tenía que recurrir a la ayuda del gobierno y de la familia para poder alimentarse y a alimentar a su criatura. Contaba que antes del año de casada ya pensaba divorciarse, especialmente por el maltrato verbal y psicológico a la que estaba sometida, pero no se atrevía ni siquiera a mencionárselo a su familia.

Explicaba que esperaba que cuando creciera un poco su primera hija, iba a retomar sus estudios y terminar su carrera, pero un par de años después volvió a salir embarazada y así se fue llenando de hijos (4), lo que, aunado a su difícil situación económica, le imposibilitó concluir sus estudios y tener otras oportunidades. Describía su vida como un fracaso por haber hecho una mala toma de decisiones.

27 Utilizo seudónimos para no violentar la confidencialidad.

Al igual que esta pareja, actualmente hay cientos de personas que viven subyugadas, en relaciones tóxicas, en situaciones insostenibles, maltratantes, donde la vida cotidiana se convierte en un infierno insoportable, pero por distintas razones, las personas "deciden" sin decidirlo continuar en una relación tóxica. ("sin querer, queriendo"), tal como dice el dicho popular que "los seres humanos nos acostumbramos hasta llevar palo". Obviamente, es en un proceso de ayuda psicoterapéutico que algunas personas toman consciencia de su situación (antes de que ocurra una desgracia) y deciden hacer algo distinto por su vida y la de los suyos. Recuerdo que María reaccionó positivamente cuando le dije que otro modo de fracasar era continuar viviendo con alguien por miedo al "qué dirán"y no luchar por ser feliz.

También conocí en mi ministerio un puñado de presbíteros muy realizados en lo que son y hacen (mayormente en el clero religioso), pero también a lo largo de 30 años conocí a otros sacerdotes con vacíos existenciales (la mayoría en el clero secular), el que no ahogaba sus penas en el alcohol, compensaba con ver pornografía frecuentemente o comer en exceso (algunos con serios problemas de sobrepeso), usaban estas y otras muletas para seguir arrastrándose en su ministerio (eso para mí fue siempre muy desgarrador y aunque algunas veces me tocó ayudarlos psicológicamente) no dejaba de impactarme grandemente.

No puedo dimensionar el terrible impacto nocivo que estos comportamientos tenían en su feligresía. El común denominador entre estos presbíteros más afectados era que la mayoría vivían amargados y sumidos en una terrible soledad, pero por alguna extraña razón se negaban a reconocerlo y menos a salir de su zona de seguridad. Estoy convencido de que otro modo de fracasar en la vida, es quedarse por conveniencia.

Recuerdo el caso de un presbítero de alrededor de 60 años que fue referido a mi oficina para que le ayudara a nivel psico-espiritual porque estaba pasando por una crisis en su ministerio. En la primera cita surgió la verdadera razón de su crisis: lo habían apartado de su ministerio por "comportamientos impropios" y al no saber hacer ninguna otra cosa, se sentía con mucha ansiedad y depresión. Explorando más profundamente su situación personal, manifestaba que él "se sentía profundamente solo, porque hasta sus compañeros presbíteros le habían dado la espalda".

El Dr. Waldinger en una charla acerca de un estudio longitudinal[28] realizado en la Universidad de Harvard durante más de 75 años, decía: "sabemos que podemos estar solos en la multitud y podemos estar solos en un matrimonio, por eso la segunda gran lección que aprendimos es que no tiene que ver con la cantidad de amigos que tenemos, tampoco tiene que ver con que estemos en una relación, lo que importa es la calidad de las relaciones más cercanas. Resulta que vivir en medio del conflicto es muy malo para la salud. Los matrimonios muy conflictivos, por ejemplo, sin mucho afecto, resultan ser muy malos para la salud, quizá peores que el divorcio. Vivir en medio de relaciones buenas y cálidas da protección".

El manejo de la soledad

Puedo decir con certeza (porque lo viví en carne propia) que la calidad de las relaciones interpersonales entre los presbíteros, en general, es muy superficial y en la mayoría de los casos muy pobre. A todos aquellos que me tocó ayudar, experimentaban una terrible soledad que se acrecentaba conforme iban pasando los años y cuando se acercaban a la vejez.

Este tema de la "soledad" sigue siendo un asunto pendiente por resolver en la mayoría de los presbíteros seculares y se agrava aún más cuando llega el momento del retiro no tienen ni siquiera una "residencia" o casa donde pasar los últimos años de su vida después

28 https://www.ted.com/talks/robert_waldinger_what_makes_a_good_life_lessons_from_the_longest_study_on_happiness/transcript?__s=iwak7nabietb29i01fpx&utm_source=drip&utm_medium=email&utm_campaign=Training+gratuito+L2&utm_content=%C2%BFEs+para+ti+el+%28k%29no%28w%29madismo+digital%3F#t-452474

de haber vivido al servicio a los demás (esta era y sigue siendo la triste realidad de la última Diócesis a la que pertenecía y de la mayoría de las Diócesis en Puerto Rico). Es muy triste constatar que, a la hora del retiro, la mayoría de ellos se tienen que "refugiar" con un familiar o en el peor de los casos terminar sus últimos días en una residencia de ancianos dirigida por religiosas consagradas.

Estoy de acuerdo con López-Herrera[29] (2009), quien afirma que "En el estilo de vida particular del presbítero se presentan situaciones comunes que pueden afectar el estado de salud del sacerdote. Una de ellas es vivir en soledad, sin nadie con quien compartir la experiencia cotidiana" (pag. 103). Para ilustrar esta situación con una vivencia personal, te cuento que cuando terminé el Doctorado ni siquiera asistí a la graduación (2003), y una compañera que era muy cercana me cuestionó: -"Giovanni, como es que después de quemarte las pestañas por años de estudio no fuiste a tu graduación"? Recuerdo que le dije que preferí ir de vacaciones con mi familia que asistir a la graduación porque para qué quieres logros si no tienes con quien compartirlos.

A finales del 2018, no me sorprendió leer las declaraciones del reconocido exsacerdote colombiano Alberto Linero, muy seguido en las redes sociales por miles de personas, cuando dijo: "Mi gran tragedia ha sido la soledad del último tiempo", en donde claramente dice que tomó la decisión de dejar el ministerio por una "cuestión existencial". No necesariamente sexual o de relación de pareja.

Personalmente viví la experiencia de la soledad a dos niveles, una que podríamos denominar soledad física ("espacio-tiempo"), es decir, cuando vives en un lugar solitario y apartado. Y el otro tipo de soledad más existencial que es aquella que se genera por la pobre calidad de las relaciones más cercanas. Con respecto a la primera nunca tuve ningún problema porque durante más de 10 años viví en la Montaña

29 https://gredos.usal.es/bitstream/handle/10366/76474/DES_Lopez_Herrera_H_Incidencia_del_sindrome.pdf;jsessionid=D7E36FF848D61331F3359BEA132E3CF8?sequence=1

Santa, un lugar especial, pero bastante apartado de la civilización. Recuerdo que recién llegado al lugar, algunos de mis colegas presbíteros me cuestionaban acerca de "¿cómo hacía para vivir solo en aquel lugar?". Me decían: -"Yo para allá no voy ni pal carajo", "allá no se me perdió nada", etc. Sin embargo, yo les decía que aquel lugar me encantaba a pesar de la soledad porque era un remanso de paz y tranquilidad. A lo que me respondía: "tú estás loco".

Ciertamente, aquella soledad "física" nunca fue para mí un problema, a los pocos meses de haber llegado me enviaron como compañero de labor a un sacerdote en edad de retiro y fue una bendición porque ya podía, al menos, comer acompañado. Dicho sacerdote al ser puertorriqueño, todos los domingos después del almuerzo se iba a casa de su hermana y regresaba los miércoles por la mañana, quedándome completamente solo en aquel lugar. Esto ocurría porque ni el día libre (lunes) podía visitar mi familia por ser extranjero. No obstante, esto nunca afectó mi vida a nivel emocional o social. Nunca fue un problema porque tenía la estabilidad emocional y la preparación espiritual para poder hacerlo. Es más, disfrutaba aquella soledad porque me permitía cultivar mi intelecto y mi espiritualidad.

Cada día estoy más convencido de que la gente no busca la soledad física para escapar de los demás sino para encontrarse a sí misma. Estamos llamados a descubrir en esa soledad física un vehículo de plenitud.

En estos tiempos del coronavirus, la mayoría de las personas hemos vivido el impacto del "distanciamiento social", que no significa aislamiento social, menos en el tiempo de las redes sociales, lo hacemos con el buen propósito de prevenir la infección y salvar vidas. Siendo conscientes de que nos distanciamos hoy para abrazarnos mañana. Sin embargo, para algunas personas (más extrovertidas) este distanciamiento pudiera afectarles su salud mental; esto se debe a diversas razones, la primera es que no es algo elegido voluntariamente sino consecuencia del encierro, la pérdida de la rutina habitual y la reducción del contacto social y físico con los demás.

Cuando alguien voluntariamente decide irse por unos días o semanas (incluso años) a un lugar apartado para disfrutar de la paz y la tranquilidad del lugar, este distanciamiento social tiene poco impacto emocional en la persona porque sabe que esa es una oportunidad de oxigenarse para seguir desempeñando su labor. Hay una gran diferencia entre la soledad deseada y la involuntaria; pienso que por eso algunas personas se sienten muy afectadas en estos tiempos del coronavirus porque es involuntaria y, un buen número de personas, no se había preparado.

En cambio, la otra "soledad", de la que habla el Dr. Waldinger en el estudio longitudinal[30] realizado en la Universidad de Harvard, es aquella que se siente, aunque estés rodeado de mucha gente; esa sí que la sufrí prácticamente desde que dejé la congregación religiosa. Hablo de la "soledad existencial", suele ser más dañina a tu salud mental. La Soledad existencial es la que poco a poco te va minando. Hay riesgos de confundir la soledad con sentirse solo, son distintas. La **soledad existencial** es muy diferente al resto de tipos de soledad, porque en ella influye relativamente poco la calidad y la cantidad de las personas.

La soledad existencial

Brenda muy atenta a mi relato pide aclaración: ¿Qué es eso de la soledad existencial?

Quiero aclararte, mi querida Brenda, que cuando hablo de soledad existencial no estoy hablando de la postura de la filosofía existencialista que la describe como una sensación de vacío, de no tener nada, de vivir una sensación de vacuidad y frustración. Sino que hablo desde el enfoque psicológico-espiritual, aquella que es causada por la falta de intimidad en alguno de los tres niveles esenciales del ser humano (conmigo mismo, con los otros y con Dios).

30 https://www.ted.com/talks/robert_waldinger_what_makes_a_good_life_lessons_from_the_longest_study_on_happiness/transcript?__s=iwak7nabietb29i01fpx&utm_source=drip&utm_medium=email&utm_campaign=Training+gratuito+L2&utm_content=%C2%BFEs+para+ti+el+%28k%29no%28w%29madismo+digital%3F#t-452474

La soledad existencial es causada por la falta de intimidad de alguno de estos tres niveles:

1) **Falta de intimidad conmigo mismo**, cuando sabemos quiénes somos podemos vivir muy a gusto con nosotros mismos; en mi experiencia personal, aprecio y disfruto estar conmigo mismo, lo que me permite reflexionar, meditar, orar y ser creativo.

2) Falta de intimidad con los otros, la soledad existencial se presenta cuando nos percatamos que no hay otras personas significativas con quien compartir la vida, los logros y hasta los fracasos. Cuando alguien encuentra una persona como compañera de camino, encuentra un tesoro. Con quien puede compartir la vida diaria, los éxitos y los fracasos.

3) Falta de intimidad con Dios, esta soledad se presenta cuando alguien libre y voluntariamente decide darle la espalda a Dios, esto lo vemos ilustrado en la Biblia en (**Génesis**, **3**,**8**)[31]. "Oyeron después la voz de Dios que se paseaba por el jardín, a la hora de la tarde. El hombre y su mujer se escondieron entre los árboles del jardín para que Dios no los viera.".

En cambio, si caminamos en la presencia de Dios, en su luz, vamos a sentirnos acompañados aún en los momentos de dificultad o incertidumbre.

Insoslayablemente, llega un momento de la vida (para algunos más temprano y otros más tarde), en el que se hace consciente y palpable esa f**alta de intimidad con los otros**, especialmente, con otro significativo. Es en ese momento en el que me pregunté: ¿Por qué tengo que seguir adaptándome a una situación o estilo de vida en el cual experimento ese aspecto de la soledad existencial?

31 Biblia de Jerusalén (1984). (Gen 3,8). Editorial Desclee de Brower. Bilbao, España.

Esto lo experimenté durante los últimos años, y por más esfuerzos humanos y espirituales, ascética, retiros frecuentes de renovación a los que asistí, la situación seguía persistiendo. Recuerdo que en uno de esos retiros anuales de presbíteros dirigido por un venerable obispo, nos dijo para "motivarnos" que nuestra vida era "una vida extraordinaria". Esto lo decía Mons. V. Girardi para incentivar a los presbíteros a seguir permaneciendo célibes, porque según él, éramos personas con una "vida extraordinaria", pero en el momento en que decidiéramos renunciar al celibato dejabas esa "vida extraordinaria" para asumir una "vida ordinaria".

Una de las preguntas que un tiempo después del retiro me hice:

¿Qué fue lo que le llevó a más de 100,000 sacerdotes a renunciar a esa "vida extraordinaria" después del Concilio Vaticano II?

La respuesta es sencilla, si tu "vida extraordinaria" se convierte en una carga pesada a pesar de tu sentido de trascendencia, a pesar de tu oración, tu ascética, del esfuerzo, del empeño que le pones tanto a nivel humano como espiritual debe ser que hay otras razones más fundamentales para dejar de vivir esa "vida extraordinaria" y comenzar a vivir una vida más plena, más realizada, que tenga y provea un bienestar integral. Que no sólo se desarrollen unas áreas de tu vida en menoscabo de las otras.

Según el episcopado chileno[32] haciendo un acto de introspección en un estudio realizado a 520 sacerdotes, afirman que el actual y creciente pluralismo de valores incomoda a la Iglesia, y ésta se ve institucionalmente menos respetada, menos temida y más cuestionada. En este contexto, la vocación sacerdotal es puesta a prueba. La valoración social del sacerdote se ve afectada, su vocación parece ser un valor "contracultural", muchos fieles no le encuentran sentido al celibato, y la imagen del presbítero es menos idealizada. (Conferencia Episcopal de Chile, 2005).

32 ttp://www.cisoc.cl/index.php/boletin-pastoral/2005/17-2005/84-sugerencias-a-unapastoral-para-los-sacerdotes.html

En las conclusiones del estudio[33] realizado por López-Herrera en el 2009, como tesis doctoral, sobre el síndrome de burnout[34] en sacerdotes latinoamericanos, que incluyó una muestra de 881 sacerdotes de dieciséis diócesis de varios países: México, Costa Rica y Puerto Rico. Dicho estudio hizo unos hallazgos interesantes que no se pueden soslayar:

> "Del total de la muestra de sacerdotes investigados se encontró que un 26.2 % de ellos, o sea 231, estaban quemados en alto grado, mientras que un 33.4 %, equivalente a 295 presbíteros, presentaban desgaste en grado intermedio. Esto implica que prácticamente un 60 % del total de los participantes en este estudio experimentaba el síndrome en mayor o menor grado, dejando sólo a un 40.2 %, correspondiente a 355 sacerdotes, como libre de burnout.
>
> En cuanto a cada una de las distintas dimensiones del burnout, los resultados reflejaron que 302 sacerdotes, que corresponden al 34% de la muestra total, presentaban el grado más alto de Agotamiento Emocional; y, en la mayoría de estos casos, correspondiente al 60 % de ellos, o sea 181 presbíteros, se encontró a su vez una alta despersonalización. Estas dos dimensiones, por tanto, correlacionan de manera evidente entre sí, mientras que un alto nivel de realización personal representa una clara protección ante el burnout". (Pag.309)

En otro estudio[35] realizado en el 2011 a un grupo de 250 presbíteros que interrumpieron su ministerio en Sudamérica: (Argentina, Brasil, Uruguay, Bolivia, Paraguay, Ecuador, Guatemala, Perú, Co-

33 https://gredos.usal.es/bitstream/handle/10366/76474/DES_Lopez_Herrera_H_Incidencia_del_sindrome.pdf;jsessionid=D7E36FF848D61331F3359BEA132E3CF8?sequence=1

34 "El síndrome de "burnout" es definido como un tipo particular de estrés que sufren las personas expuestas a exigencias y presiones excesivas, debidas a sus responsabilidades interpersonales en contextos laborales o sociales".

35 s://www.religiondigital.org/secularizados-_mistica_y_obispos/Estadisticas-Sudamerica-enviadas_7_2158054202.html

lombia, México y Venezuela),entre los años 2.000 – 2.005. La edad promedio a la toma de la encuesta fue de 55 años, teniendo en cuenta la franja de los encuestados que oscilaban entre los 42 y 84 años.

Se encontraron varios aspectos:

1. Los sacerdotes que deciden interrumpir el ejercicio del ministerio lo hacen a una edad ya madura (alrededor de 40 años), por lo que habría que cuestionar por qué se agota el modelo de vida presbiteral en una etapa de la vida donde se relacionaría con las expectativas de vida plena y de madurez psicológica de cualquier persona.

2. El contexto histórico lo podemos ubicar en una década marcada por cambios muy profundos en la vida social y política (caída del muro de Berlín) y eclesial (una iglesia más involucrada en la vida social).

3. La inserción sociolaboral se da en el medio educativo, debido a la calidad humana e intelectual de la formación de los presbíteros, que bien podría ser reciclada en el ámbito eclesial.

4. Aproximadamente el 60% de los encuestados no tiene regularizada su situación ya que NO EJERCEN, pero siguen perteneciendo formalmente al Clero dado que figuran en el listado del Anuario Pontificio al no haber obtenido la dispensa de las obligaciones sacerdotales por parte del Vaticano.

5. Las estadísticas del Anuario del CELAM solo contemplan un 12% de los presbíteros que no ejercen el ministerio, y de acuerdo con las encuestas tomadas en esta investigación, serían en realidad un 27% de presbíteros que de hecho ya no ejercen el ministerio en las diócesis latinoamericanas.

El Obispo Juan M. Uriarte en un escrito titulado "Madurez Psicológica, espiritual y pastoral[36]" en donde defiende a capa y espada las posturas tradicionales de la jerarquía de la Iglesia católica; no obstante reconoce el vacío que experimenta el celibe cuando afirma:

> *"El vacío que origina la condición célibe es específico: vacío de mujer, de compañía femenina íntima y constante, de paternidad, de gozo y goce sexual. Este vacío, expresado en el reclamo de nuestro corazón y nuestro cuerpo no se satura del todo con ninguna otra realidad de este mundo. Ni la adhesión creyente, ni el amor a la comunidad, ni las satisfacciones pastorales, ni la amistad humana, ni la vida familiar rica, ni la ternura filial hacia María, ni la relación cercana con el Obispo suplen y 'llenan' la soledad existencial del célibe. Debemos saber esto; debemos aceptarlo. Es necesario asumirlo para no embebernos en la ilusión romántica de un celibato imaginario... e insatisfactorio" (pag. 26).*

En donde Mons. Iriarte reconoce abiertamente que ninguna labor pastoral o apostólica por más fecunda que sea va a suplir o llenar la soledad existencial que vive el celibe, simplemente debe aceptarlo y asumirlo. Luego agrega:

> *Sin embargo, todas estas relaciones son muy importantes para asumir positivamente (incluso con gozo) la soledad propia del celibato. Hemos de procurar la calidad de todos estos vínculos saludables. Son una preciosa ayuda para mantener el celibato y crecer en él.*

Esta mal llamada 'sublimación' del celibato (esparcida hasta por algunos psicólogos alineados con esta postura) es lo que la Jerarquía de la Iglesia católica ha argumentado y apoyado para legitimar una situación que cada día se vuelve más insostenible. Incluso ha descalificado toda crítica al celibato con una postura rígida, argumentando

36 https://www.allentowndiocese.org/sites/default/files/2018-03/madurez.pdf

que si alguien abandona el estado celibatario lo hace por algún tipo de 'inmadurez' psicológica y/o afectiva.

Recuerdo los esfuerzos denodados que hizo el Obispo de mi diócesis (R. González), para traer en dos ocasiones como conferenciante al retiro anual de sacerdotes al distinguido psicólogo costarricense (Dr. Gaston de Mezerville[37]), para que compartiera sus conocimientos y experiencias en este campo; donde expuso el Capítulo 9 de su libro "Madurez Sacerdotal y Religiosa[38], escrito bajo un enfoque donde integra cuidadosamente Psicología y Magisterio de la Iglesia", publicado por el CELAM (El Consejo Episcopal Latinoamericano que agrupa a los obispos de la Iglesia católica de Latinoamérica y las Antillas).

No puedo negar que participar de este "retiro-formativo" fue una experiencia muy enriquecedora, cito esto como un claro ejemplo de los esfuerzos (la mayoría muy bien intencionados) que hace la jerarquía de la Iglesia Católica como estrategia de formación y concientización de sus sacerdotes, donde se busca darle una fundamentación psicológica a un tema tan crucial como es el de la madurez afectiva y psicológica en la vida celibataria.

Alguno podría pensar que esto no me sirvió de nada a la hora de tomar la decisión de dejar la vida celibataria. Pero si vemos el otro lado de la moneda, tengo que reconocer que el "retiro-formativo" en esta temática me ayudó a tomar una decisión 'informada' y con un mayor grado de conocimiento psicológico y del magisterio de la Iglesia.

Quisiera agregar que en el ámbito eclesial se suele hablar acerca de la madurez afectiva y psicológica de una forma sesgada, siendo términos complejos en su definición, por lo que quisiera aproximarme brevemente a este concepto, haciendo algunas observaciones.

37 El Dr. Gastón de Mezerville había sido profesor en el Seminario Central de Costa Rica por más de 30 años.

38 De Mezerville, Gaston (2003) Madurez Sacerdotal y Religiosa. Pags 31ss.

En el campo de la Psicología es ampliamente reconocido que la madurez es un concepto-límite. Ningún ser humano llega a la madurez plena. ¿Por qué? Muchos neuropsicólogos[39] sostienen que los seres humanos desarrollan sus potencialidades paulatinamente durante la niñez y se fortalece durante las distintas etapas de su vida, lo cual depende de muchos factores que propicien el sano desarrollo neurofisiológico. Lo mismo puede decirse de **un apropiado desarrollo psicológico, afectivo, social** y **cultural**[40]. Pretender un despliegue total de nuestra vida psíquica en todas las dimensiones del ser humano resultaría no solo extenuante, sino imposible. Vivir es elegir. Elegir es renunciar a muchas posibilidades para centrarnos en unas pocas.

La madurez, más que designar una meta, señala un camino, por lo tanto, habla de un dinamismo. Debemos distinguir también entre lo que es la madurez en general, que comprende niveles biológicos, psicológicos, morales entre otros, y la madurez psicológica. La madurez psicológica y afectiva es casi siempre una tarea inacabada y un campo muy amplio que necesita casi una tesis doctoral para aproximarnos a su significado.

La acción después de la decisión

Actualmente estamos viviendo una paradoja, por un lado, **vivimos en un mundo hiperconectado:** con internet y redes sociales, pero por otro lado, estamos cada vez más distanciados de los demás. Es verdad: podemos tener miles de contactos en Instagram y Facebook y ni un sólo amigo con quien hablar o a quién llamar en momentos significativos de nuestra vida.

Recuerdo el caso del padre de un adolescente (15 años) que en su consulta me decía: yo no entiendo eso de los amigos que tiene mi hijo en su página de Facebook, cuenta con más de tres mil, pero el mes pasado se enfermó y estuvo una semana sin poder ir a la escuela

39 http://www.codajic.org/sites/www.codajic.org/files/El-cerebro-en-desarrollo.pdf
40 https://journals.openedition.org/polis/1802

y no vino ninguno de sus amigos a visitarlo. "En cambio cuando yo tenía su edad contaba con pocos amigos, pero siempre estábamos juntos y en las duras y en las maduras".

Se torna inevitable para una persona madura que reflexiona y medita diariamente, que en un determinado momento surja en su interior el sentimiento de "soledad existencial" (en unas personas muy pronto, en otras, es con el paso de los años, como fue mi caso); aunque tenga cinco mil "amigos", eso tenía mi cuenta pública de Facebook (en mi perfil público), o estés acompañado de algunas personas que trabajan contigo, así como la sensación de que tu libertad se ha ido paulatinamente perdiendo; surgiendo en su lugar "un sentido de esclavitud".

Pudiera sonar a contradicción que algo que tú eliges libre y voluntariamente se convierta en "esclavitud", **pero no lo es**. La vida se encarga de echarnos en la cara las distintas "esclavitudes" que vienen dentro del "paquete". Sin embargo, al principio puede pasar desapercibido, pero con el paso del tiempo se vuelve insoslayable y llega el día en que se descubre y casi se vuelve inevitable el anhelo de querer liberarse de todas esas esclavitudes.

Por años he defendido, predicado y promovido que todas las personas tenemos derecho a ser felices. Sin embargo, cuando se trata de uno mismo a veces se hace muy empinado "aplicarse el cuento". Hoy te digo que, si quieres algo para los demás, primero empieza por ti mismo. No le pidamos a los demás que cambien, cambia tú primero. Toma decisiones, aunque sean difíciles, aunque te cueste, verás que al principio parecerá difícil y hasta doloroso, pero debes hacerlo simplemente por tu salud mental o bienestar psicológico. La mayoría de las personas son tan felices como ellas mismas decidan ser. Hace un tiempo decidí ser más feliz y esto inmediatamente me llevó a tomar decisiones.

Se nos olvida, tal vez, que para ser feliz hay que tomar decisiones, que hay que librarnos de las botas ajustadas y atrevernos a ponerle alas a nuestros pies, se nos olvida que el amor no tiene por qué doler, que la insatisfacción en una profesión, vocación, estilo de vida o un trabajo tóxico, necesita un golpe de timón, porque de lo contrario nos acaba quemando.

A veces hay que enfrentar aquello que nos somete y un buen día tomar la decisión de salir serenamente por la puerta de entrada para crear nuestro propio camino. Nuestra propia felicidad. Esto me tocó hacer en mi último trabajo, porque cuando no te dan el valor que te corresponde tú estás llamado a dártelo.

Toda decisión conlleva una renuncia, primero necesitamos al menos dos alternativas (en la mayoría de los casos son muchas más), sin embargo, cuando elegimos la que creemos que, en ese momento histórico, es la mejor para nosotros del abanico de posibilidades, podemos percibir la sensación de que aquello que un día elegimos, hasta con cierta ilusión; con el paso del tiempo se puede ir desgastando o hasta perdiendo el sentido que originalmente le habíamos dado, para dar paso a lo nuevo, un proyecto que renueve toda nuestra vida.

Llegado el momento, no hay que postergar las decisiones

En los pasados meses del año 2020 la comunidad internacional ha estado y está en alerta máxima para evitar más muertes a causa de la pandemia del "covid19". Sin embargo, hay otro "virus" que ahora mismo puede ser más letal y supone un alto riesgo para ti.

¿Sabes cuál es? Posponer decisiones que sabes que tienes que tomar. Así es. No afrontar tu realidad. Cerrar los ojos pensando que en algún momento te vas a despertar de un mal sueño, con toda tu vida arreglada y sintiéndote feliz sin hacer ningún esfuerzo. Esa es la fantasía de los ilusos.

Para otros, es huir sin hacer ruido y dejar que el cerebro olvide esos horribles momentos en el que eres consciente de que puedes fallarte a ti mismo. Despiertas cuando descubres que estás actuando como una víctima y un cobarde, tomas el sartén por el mango: haces un alto en el camino y decides "meterle el pecho a la brisa".

Lo que sucede es que en la vida no todo es blanco y negro. A veces podemos actuar de forma consciente y proactiva en algunas facetas de nuestra vida, pero en otras, actuar como un cobarde inconsciente. El esfuerzo no crece de forma lineal, sino de forma exponencial. Posponer una decisión que sabes que tienes que tomar genera dudas y deudas con esta decisión. Y las deudas siempre se pagan al precio más alto.

Así que hoy quiero hablarte de una decisión que llevaba varios meses posponiendo: **"mi reinvención profesional".** Recuerdo cuando me hice la pregunta: ¿Por qué algunos tardamos tanto en hacerlo? Lo fundamental es que no es un asunto fácil. Un gran número de personas se queda posponiendo durante toda su vida las decisiones que debieron tomar en un momento preciso de su existencia. Dentro de ti lo sientes. Sabes que tienes que hacerlo y si no lo haces, terminarás odiándote por no intentarlo.

Es hora de dejar las excusas, es cierto que todo tiene un proceso durante el cual no paras de inventar excusas: *1) No es el momento. 2) No tengo tiempo. 3) No tengo dinero. 4) No sé por dónde empezar. 5) No sé si voy a lograrlo.* Etc.

Yo no adivino el futuro, ni soy capaz de leerlo en una bola de cristal. Pero sin tener que usar el tarot, te puedo garantizar que, si no afrontas tu realidad de una buena vez, tu situación personal no va a hacer más que degradarse y cada vez estarás peor preparado a nivel de competencias y a nivel de "mindset" (mentalidad) para poder resolver tu "dilema". Así que, tu momento es hoy.

Tú también te puedes plantear las mismas preguntas que me hice hace tan solo unos meses:

-¿Deseas desarrollar tus áreas rezagadas, deseas más libertad, más tiempo para los asuntos importantes y más felicidad en tu vida personal o profesional?

Consciente de que todos tenemos conocimientos, experiencias, habilidades y talentos,surge la pregunta obligada: ¿Cómo enfocar tu gran talento? —útil al mundo— que ya llevas dentro para poder desarrollar tu propio proyecto soñado y que por todas las excusas que te ponías no lo has comenzado.

En el campo de la ayuda he conocido un gran número de personas que pasan algún tiempo formándose para una profesión (programación mental), un trabajo o un oficio, y una vez finalizada esa fase, se autoconvencen de que nunca podrán hacer otra cosa diferente. Es decir, se fosilizan a través de trabajos para otros, durante toda su vida laboral y haciendo siempre lo mismo (aunque su día a día les amargue), hasta llegar a su jubilación donde la fosilización ya es irreversible.

Estoy convencido que todos hemos adquirido conocimientos, experiencias y habilidades que podemos aplicarlos después en nuestro día a día, en aquello que realmente nos apasiona. Sin embargo, muchas personas se quedan haciendo aquello que no les hace feliz o hace mucho tiempo les dejó de motivar. Esto ocurre, generalmente, porque la mayor parte de las personas tienden a organizar su vida basándose en estereotipos o cumpliendo el precepto social.

Quiero cerrar este apartado argumentando desde mi óptica y experiencia de vida que una sana toma de decisiones se concreta cuando pasas de la reflexión a la acción y le das un golpe de timón a tu vida como lo hice a finales del 2019, (después de renunciar al último trabajo que no llenaba completamente mis expectativas) y principios del 2020, cuando decidí desarrollar mi anhelado proyecto: mi propia plataforma de servicios profesionales en línea.

Lo primero que hice fue desarrollar mi propia Pag. Web. (2019) y luego he estado desarrollando todo el contenido como mi blog, podcast, cursos online, este libro que tienes delante de ti (lo he estado trabajando durante el último año), además de ofrecer sesiones de ayuda individuales virtuales o en línea durante la pandemia del coronavirus. Esto que visualizaba el año anterior (para algunos sonaba como un proyecto innovador), con la pandemia del covid19 se ha convertido en unos meses después, en la "nueva normalidad", en la mayoría de los campos de servicios profesionales, en la mayoría de las escuelas y colegios así como en la Universidades en donde están ofreciendo clases virtuales, muchas consultas médicas se hacen en línea, al igual que las psicológicas, hasta las Iglesias tradicionales se vieron obligadas a ofrecer servicios religiosos de manera virtual, etc.

¿Qué tal si empezamos hoy mismo?

Por eso cuando estés listo para tomar decisiones que afectan significativamente tu futuro, te recomiendo tener presente lo que me ha funcionado:

1. Deja de pensar que estás traicionándote a ti mismo o estás traicionando a los demás.

2. Deja de creer que, si eliges algo diferente a lo que la mayoría espera de ti, no es lo que te mereces o deberías hacer.

3. No te dejes llevar por lo que piensan los demás, sé leal y honesto contigo mismo.

4. Hazlo libremente. Así como un día libremente te metiste en un "laberinto" porque creías ciegamente que ahí estaba el propósito de tu vida; libremente tienes la oportunidad de salir de ese "laberinto". Procura hacerlo sin lastimar a los demás.

5. Llegado el momento, plantéate que no estás escogiendo entre un "mal y un bien", sino que estás eligiendo libremente

entre dos bienes que la vida ha colocado delante de ti y estás llamado a elegir aquello que consideras el "bien mayor" como decía mi querido profesor el P. Mateo Andrés[41]. Lo decía basado en una razón teológica, que en el fondo de la realidad, Dios hizo todas las cosas buenas (no creó el mal) y en su gran misericordia sustituye un bien por otro bien.

6. Recuerda que "*La felicidad no está en el exterior, sino en el interior, de ahí que no depende de lo que tenemos sino de lo que somos*[42]". Por eso requiere de un periodo razonable de reflexión para poder descubrir la fuente interior de felicidad.

7. Asumir las consecuencias de tus decisiones, estar plenamente consciente que una vez que tomes una de estas decisiones, que me gusta llamar "significativas", no hay vuelta atrás; porque no es como decir me pongo esta ropa de este color o de otro, sino que son aquellas decisiones que sabes que van a impactar el resto de tu vida.

8. Estar claro que te va a traer consecuencias, tanto positivas como negativas. No te enfoques en la negatividad. Si lo has reflexionado maduramente por meses y años lo único que falta es hacerlo.

9. Deja de cargar con un muerto que sabes que lo único que representa es una carga pesada sobre tus hombros, llámese como se llame (matrimonio destruido, trabajo tóxico o ministerio infeliz). Estamos llamados a no anestesiarnos (mucha gente usa el alcohol o las drogas) para poder seguir cargando ese ataúd. Todo lo contrario, lo más sano para tu salud mental es hacer una buena toma de decisiones, y luego, llevarla a cabo.

41 Andrés, Mateo (1987) "Puedo ser otro y feliz". Editora Amigo del Hogar. Sto. Dgo. República Dominicana.

42 https://proverbia.net/frases-de-felicidad. Frase de Henry Van Dyke (1852-1-933) Escritor estadounidense.

Abriendo caminos al andar (comentando la foto)

En la conversación con Brenda ella ve una foto que andaba en la pantalla del celular y me pregunta con curiosidad qué significado tiene y le respondo con una frase del poeta A. Machado: "Caminante no hay camino, se hace camino al andar". Le comento.

En un determinado momento de nuestras vidas, cuando decidimos hacer un punto de inflexión, redireccionamos nuestro destino, surgen muchos interrogantes acerca del futuro del nuevo estilo de vida.

Como persona de fe, siempre he creído que Dios abre caminos, incluso ahí donde no los hay; sin embargo, nuestra humanidad se resiste, nos cuesta mucho salir de nuestra zona de confort, sobre todo cuando ya somos adultos y nos cuesta un poco más hacer cambios o ajustes a nuestro estilo de vida.

Abrir caminos donde no los hay o elegir aquellos poco transitados, no es una tarea fácil, y ambos sabíamos que tomar esa decisión conllevaba grandes retos que afectarían todas las áreas de nuestra vida: social, laboral, familiar, religiosa y hasta espiritual. Caminar por caminos poco frecuentados o donde no se vislumbra un camino hecho, supone un gran reto, porque tienes que ir haciendo camino al andar. Lo cual provoca que salga lo mejor de ti, para ello necesitamos creer en el amor.

Porque el amor es el motor que mueve el mundo. Pero cómo saber que, en el amor humano, ese que compartes con tu pareja, ¿es el verdadero amor? Esto solo se logra cuando encuentras a la persona que es capaz de hacerte sentir que "Amar no es mirarse el uno al otro" como decía: Saint-Exupery en el Principito. "Sino mirar juntos en la misma dirección". La frase encierra una concepción de futuro: proyectar, soñar. Ver con el alma y sentir con el espíritu. Conociendo la sensibilidad del autor de "El Principito" y habiendo leído buena parte de su pensamiento; puedo deducir que, para el autor, el amor es compartir planes, proyectos, sueños, metas, quimeras, deseos, emociones, intereses, gustos y decisiones. Es sólo mirando en la misma dirección que dos personas distintas son capaces de descubrir su amor y de proyectar su futuro.

Capítulo V
La felicidad es posible

El desafío de ser feliz

Brenda muy envuelta en el tema cuestiona: —háblame sobre el reto de ser feliz, a lo que respondo que es un tema difícil de abordar, especialmente cuando se piensa sólo desde una sola perspectiva, no obstante, lo voy a hacer partiendo de mis experiencias.

Desde que era estudiante de filosofía me llamó la atención una frase de un reconocido filósofo que decía: «Felicidad no es hacer lo que uno quiere, sino querer lo que uno hace». (J.P. Sartre). Esta aseveración me martillaba muchas veces en mi cabeza, sobre todo cuando estaba pasando por etapas difíciles durante mis años de formación.

También recuerdo un experimentado profesor de psicología que decía: "los seres humanos necesitamos aprender a ser feliz porque ser feliz es una elección" (Mateo Andrés). Partiendo de estas premisas vamos a desarrollar el tema de la felicidad.

Mi apreciada Brenda, mi forma favorita para abordar un tema es comenzar contando una historia ilustrativa de esas que me encantan y ahora la comparto contigo:

La abuelita sabia y la felicidad (autor anónimo)

"Se cuenta que cierto día, llegó a su nuevo hogar una dulce ancianita iba bien perfumada y se le veía sonriente, rondaba cerca de los 90 años, ese día iba bien vestida y llegó temprano a

las 8 en punto a su nueva residencia, con su cabello arreglado a la moda y el maquillaje perfectamente aplicado, se mudaba ese día a su nuevo hogar. La razón era que su esposo, había muerto recientemente, lo que motivó la mudanza al hogar de ancianos.

Después de una hora de esperar pacientemente en el recibidor del nuevo hogar, sonrió dulcemente, cuando se le dijo que su cuarto estaba listo.

Mientras se desplazaba con su bastón hacia el elevador, la guía le dio una descripción detallada de su pequeño cuarto, incluyendo las cortinas que colgaban de su ventana.

"Me encanta"...afirmó con el entusiasmo de una niña de 9 años, al que le acaban de entregar un juguete nuevo. "Sra. Pérez, todavía no ha visto el cuarto ... espere". "Eso no importa", respondió. "La felicidad, es algo que decides con el tiempo. Si me gusta o no mi cuarto, no depende de cómo estén arreglados los muebles o la cortina de las ventanas, depende de cómo arregle mi mente.

Ya decidí que me gusta. Es una decisión que hago cada mañana, cuando me levanto. Tengo la elección; puedo pasar el día en la cama, repasando la dificultad que tengo con las partes de mi cuerpo que no funcionan, o salir de la cama y estar agradecida por las partes que sí funcionan". "Cada día es un regalo, y mientras se abran mis ojos, me enfocaré en el nuevo día y los recuerdos felices que he vivido… sólo por este día".

Varios años después puedo confirmar que Mateo Andrés tenía razón cuando decía que "ser feliz es una decisión que puedes tomar cada día" y a veces más frecuentemente. Cuando he tenido el privilegio de interactuar con muchas personas que he conocido en los distintos ámbitos tanto académicos como profesionales, he percibido que son muy pocas las personas que se hacen preguntas acerca de la felicidad. Como por ejemplo, si son felices con lo que son o con lo que hacen.

Después de muchos años de observar este comportamiento, pienso que la pregunta más intrigante que se le puede hacer a una persona, si está dispuesta a pensarla durante unos minutos y responder con total sinceridad, es la más sencilla: «**¿Eres Feliz?** O nos podemos hacer la auto interrogación: **¿Soy feliz?**»

Entiendo que hay personas a las que la respuesta a esa pregunta les puede resultar muy sencilla. Un rotundo «sí» o un «no» puede zanjar el tema sin contemplaciones. Pero eso no sirve. Una pregunta de tal calibre merece un análisis profundo y complejo que parta de la base de indagar qué es la felicidad para cada uno de nosotros, tratando de dar una respuesta honesta y sincera dentro del abanico de tonalidades que tenemos acerca de la felicidad.

Primero respondamos el sentido negativo: ¿Cuál es la razón por la cual la mayoría de las personas no se cuestiona acerca de la felicidad? En el fondo todos los seres humanos estamos en la búsqueda de la felicidad y muchos piensan que el "hacer" o el "tener" les conduce inexorablemente a la experiencia de "ser" felices.

Profundicemos en estos tres niveles

El "ser", el "hacer" y el "tener". Estos tres niveles forman una coherencia y están relacionados entre sí. Lo que comúnmente la gente piensa es que a partir de "tener" podremos "hacer", para luego "ser"; sin embargo, funciona al revés. Ahondemos un poco más sobre este asunto, que parece un juego de palabras, pero no lo es.

Hay muchos factores por los cuales las personas miden la felicidad. Algunas personas creen que el dinero genera la felicidad y se sumergen en el mundo laboral para ganar más dinero, a veces asumen dos trabajos para cumplir con sus expectativas económicas, pero cuando reflexionan un poco se dan cuenta que la felicidad no está ahí y se sienten infelices y esclavizados de sus trabajos. Otros se la pasan "envidiando" a otras personas que aparentemente "lo tienen absolutamente todo" y lo único que hacen es imaginar cómo ser como ellos.

Nuestra sociedad actual asocia felicidad con tener riqueza, posesiones, estatus, o incluso, una alta posición laboral. Pues yo te digo desde ya, que el dinero y la fama, no crean o dan la felicidad. La estabilidad económica pudiera ser un factor de ayuda. Esto lo digo porque hay muchas personas que, aun teniendo riquezas, comodidades y mucho reconocimiento social, sin embargo, se sienten totalmente inmersas en una vida interior miserable. Muchas veces se sienten solas, vacías o que su vida no tiene sentido. Esta es la principal razón por la cual muchos "ricos y famosos" terminan suicidándose; solo por citar algunos (los cantantes: Elvis Presley, Marilyn Monroe, Kurt Cobain; los actores de cine David Carradine y Robin Williams y otras celebridades que conmocionaron al mundo al quitarse la vida).

Desde las personas más comunes hasta los más destacados filósofos y psicólogos han estado explorando esta cuestión de la felicidad por cientos de años, y las teorías abundan. Pero hoy no queremos quedarnos en simples teorías. Vamos a tratar de abordar el tema desde la experiencia vital.

Resistiéndome a los clichés agudamente elaborados acerca de "la felicidad", aquí procuro considerar de una manera personal y transparente la razón de por qué saboteamos nuestra propia felicidad y qué hacer al respecto.

Un poco más arriba mencioné que llegó un momento de mi vida en que sentía que hacía feliz a los demás, pero no me sentía feliz. Reflexionando, orando y meditando sobre las cuestiones más profundas de mi situación llegué a la certeza de que había unas áreas de mi ser que no habían sido cultivadas. Por lo que no quedaba más que poner manos a la obra y completar la tarea; movido por aquel pensamiento que dice: no retrases nada que agregue alegría y felicidad a tu vida. Ese día decidí tomar acción para lograr eso que llamamos "la felicidad integral".

Me imagino que igual a mi experiencia de vida, a usted, amigo lector, te puede haber ocurrido algo similar, por eso yo te pregunto, en algún momento de tu vida te has sentido: ¿Un tanto abrumado? ¿Has vivido retrasando cosas o decisiones? ¿Has sentido que a veces, tú eres el responsable de tus insatisfacciones? ¿Otras veces sientes que has ignorado tus sueños? ¿Has perdido el valor de ser tú mismo en verdad? ¿Sientes que tu vida carece de significado y propósito? ¿Te encuentras evitando tomar decisiones fundamentales en tu vida? Y por el contrario te la pasas inmerso en lo inmediato: viendo televisión o metido en tu celular, tableta o computadora, navegando en las distintas redes sociales (donde gastamos mucho tiempo). ¿Qué hacer cuando experimentamos esas sensaciones y esas dudas?

En un determinado momento de nuestras vidas nos podemos preguntar ¿qué cosas necesitamos cambiar para ser un poco más feliz?

La primera, sería dejar de darle la espalda a las emociones: Si haces una profunda introspección te darás cuenta de que durante una gran parte de tu historia o de tu tiempo, las emociones han sido un aspecto secundario respecto de la razón. Por lo menos en un tiempo, a mí me pasó eso. Afortunadamente, la **integración de la inteligencia emocional** en nuestra vida nos permite ser conscientes de aquello que nos hace seres humanos integrales. Tus emociones te aportan información sobre ti mismo. Dar la espalda a cultivar tu mundo emocional significa cerrarse a la posibilidad de una felicidad integral porque negar esto, sería como tapar el sol con un dedo.

Otra cosa que podemos dejar de hacer si queremos ser felices es idealizar la felicidad al extremo de aspirar a una plenitud que es imposible en la realidad; cuando damos por sentado que la felicidad es estar en la nube de la "alegría" constante como consecuencia de un momento grato o placentero. No hay que confundir un momento de alegría con felicidad. La vida, como bien sabemos, es otra historia.

Pero **¿sabes qué hacer cuando experimentas la infelicidad?** Hoy quisiera ofrecer algunas respuestas a todas estas preguntas. Si sientes que no eres una persona feliz y no haces nada por moverte y transformar tu situación, yo te diría, que es una elección que ya estás haciendo. Sí, suena un poco duro, pero es así. La buena noticia es que aún tienes la oportunidad de transformar tu vida y, por lo tanto, tomar las decisiones que tengas que tomar por difíciles que parezcan; aquí están algunas consideraciones:

1. La felicidad es subjetiva

Hay cosas en la vida que pueden hacerte feliz y que son subjetivas. Y digo subjetivas porque aprender a ser feliz se manifiesta de forma diferente para cada persona.

En primer lugar, hagamos la distinción entre alegría y felicidad, son dos asuntos muy diferentes. Se suele confundir estos dos términos y hasta pensamos que significan lo mismo. La alegría, suele ser algo efímero, mientras que la felicidad es permanente. Cuando una persona dice «no hay felicidad completa» realmente se refiere a que «la alegría se acaba por momentos». Lo cierto es que no podemos estar alegres todo el tiempo, porque como seres humanos contamos con un ciclo emocional de altibajos. Profundicemos un poco más:

La alegría es un estado emocional momentáneo y espontáneo. La alegría es considerada una emoción, o sea, una reacción física instintiva. A pesar de ser temporal, la alegría es necesaria como una forma de enfrentar la vida, como camino para alcanzar la felicidad.

La felicidad es un estado emocional que causa un efecto permanente y estable debido a la importancia personal que generalmente se entrega a una causa. Y puede ser que en un determinado momento la persona no sienta alegría, pero si se siente feliz porque lo que está haciendo tiene un sentido o propósito. Por ejemplo, alguien que abraza la causa de la justicia y le llegan las persecuciones. "La felicidad tiene que ver más bien no con lo que nos pasa; sino cómo interpretamos lo que nos pasa", es una manera de vivir.

2. Aprender a ser feliz naturalmente

Quizás conozcas a algunas personas que son naturalmente felices. Por lo menos así fue mi niñez, tranquila y feliz. Hay personas de las que puedes decir que han nacido con una mayor disposición genética hacia la felicidad. Pero la felicidad no es sólo una predisposición genética sino una elección. Según el investigador Juan Porras Nolasco[43] "**vivir feliz tiene un 2% de genética y un 98% de elección.** Las actividades diarias ayudan a generar felicidad. Sin embargo, los placeres la motivan a corto plazo, mientras que actuar y pensar bien, la estimulan a mediano y largo plazo.

3. La felicidad es una decisión

Si sientes que no eres una persona naturalmente feliz puedes cambiar la manera de pensar, sentir y de hacer. La clave es cambiar la forma en que tu mente interpreta lo que sientes y las cosas que haces. Puedes tomar la decisión de ser feliz y aprender a hacer las cosas diarias de una manera diferente hasta que descubras cuáles son aquellas que te hacen sonreír más, que provocan en ti un sentido de serenidad y paz. En el siguiente apartado vamos a profundizar más en este punto.

4. La perspectiva psicológica de la felicidad.

Se han hecho muchas investigaciones acerca de **la felicidad**, el Dr. Michael Fordyce[44] publicó los resultados en 1977 del primer experimento global del mundo diseñado para aumentar la felicidad personal; posteriormente refinó esto en 1983. En 1980, unos científi-

43 Porras, Nolasco (2015), Investigación: I'M HAPPY Psicología Positiva. México.

44 **Fordyce, Michael** W. (1977, 1983) Educación para la felicidad. (https://www.scribd.com/document/360109085 /306091206-Educacion-Para-La-Felicidad-Por-Michael-W-FORDYCE-pdf)

cos de Nueva Zelanda, S. Lichter, K. Haye y R. Kammann[45] también realizaron experimentos sobre cómo aumentar la felicidad. Su investigación combinada se ha conocido como "la ciencia del aumento de la felicidad". Sus hallazgos demostraron que se podía enseñar a los individuos a aumentar su felicidad dramáticamente (un promedio del 25 por ciento) a través de la capacitación.

¿Cómo aumentar la felicidad?

El Dr. Michael W. Fordyce realizó diversos estudios para descubrir programas de intervención psicoeducativos que incrementaran la felicidad personal. Comparó tres programas.

Tras la intervención y el registro de los resultados demostraron que el programa que unía teoría y práctica obtuvo puntuaciones más altas.

A partir de estos resultados, el Dr. Fordyce elaboró un programa de los **14 principios básicos de la felicidad** que recopila en su libro: "The Psychology of Happines46".

1. Estar más activo y permanecer ocupado.

2. Dedicar más tiempo a la vida social

3. Ser productivo en un trabajo que tenga sentido para nosotros.

4. Ser organizado y planificar las cosas.

5. Dejar de agobiarse

45 Lichter, S., Haye, K., & Kamman, R. (1980). Increasing happiness through cognitive retraining. New Zealand Psychologist, 9, 57-64.

46 Fordyce, Michael W. The Psychology of Happiness: A Brief Version of the Fourteen Fundamentals 1981.

6. Adecuar correctamente las expectativas y aspiraciones.
7. Desarrollar una forma de pensar positiva y optimista.
8. Vivir el presente.
9. Trabajar para conseguir una personalidad saludable.
10. Desarrollar una personalidad atractiva.
11. Ser UNO mismo: es decir, elegir lo que hacemos y actuar de acuerdo con nuestros pensamientos y sentimientos.
12. Procurar tener pocos sentimientos negativos y evitar problematizar situaciones.
13. Las relaciones íntimas son la primera fuente de felicidad.
14. Valorar la felicidad.

Recientemente la Psicóloga Chilena Pilar Sordo ha realizado varias investigaciones en América Latina acerca de la Felicidad. En su libro: "Bienvenido dolor[47]" dice que "Al preguntar a la gente cuáles son las condiciones que se necesitan para ser feliz hoy", aparecieron tres:

1. ***La primera condición: ser feliz es una decisión.*** *Esto parece indicar que la felicidad no dependería de las cosas que nos pasan, sino más bien de la actitud con la cual enfrentamos lo que nos ocurre. La felicidad para muchos es algo que se anhela, que se busca, sin tener en cuenta que, como decía John Lennon, `es justo lo que ocurre mientras uno está haciendo otros planes´. "Parece que no es suficiente estar vivos, tener afectos, para algunos: trabajo, para poder justificar o explicar que solo por eso y con eso somos felices; siempre*

47 Sordo, Pilar. (2015). Bienvenido dolor, Editorial: Ediciones Paidós.

estamos esperando que ocurra algo especial para poder conectarnos con esa sensación o esa decisión".

2. ***"La segunda condición: nadie puede ser feliz, si no es agradecido.*** *No solo con la evidente ventaja que tiene el dar constantemente las gracias por todo lo que nos ocurre, sino también al nivel de percepción que una persona debe tener para ver lo cotidiano con una postura de reverencia, de asombro, de aprendizaje y de gratitud permanente". "Vinimos a esta tierra por* ***tres razones:*** *a aprender a amar lo que más podamos; a intentar dejar una huella para ser recordados por algo bueno cuando ya no estemos; y a ser felices, que no es un derecho, sino una obligación. Estas razones deberían ser el centro de nuestro agradecimiento diario. Tienen que ver con agradecer lo simple, lo cotidiano".*

3. ***"La tercera condición****, clave para poder llevar todo esto a la práctica, es que tenemos la obligación de trabajar para* ***centrarnos en lo que tenemos y no en lo que nos falta.*** *Las personas que tienen la capacidad de centrarse en lo que viven y tienen experimentan mayores sensaciones de bienestar, de placer y de agradecimiento que los que no lo hacen". "'No es más feliz el que más tiene, sino el que menos necesita'. Este concepto de necesidad involucra todos los aspectos del ser humano, ya que no tiene que ver solamente con lo económico o material, sino más bien con la percepción que se tenga de ello".*

¿Has sentido como que la felicidad se escapa de tu vida? ¿Te parece que estuviste navegando contra la corriente? ¿Crees que la felicidad se ha ido de tus manos? Déjame decirte que la felicidad no va a llegar a tu vida por lo que te pase o acontezca en tu exterior, sino que acontece por lo que pasa internamente, dentro de ti. Es cuestión de elección.

Si quieres "ser feliz", entonces comienza por sentirte feliz, confiando en El Señor, en Su Palabra, en Sus Promesas, sanando el pasado, dejando de lamentarte, de criticarte, juzgarte, condenarte, porque tú hoy puedes decidir ser feliz, independientemente de las cosas que tengas o no tengas, las personas que son felices eligieron ser felices, ellos valoran la vida y decidieron cambiar su destino. Tú, hoy estás llamado a ser libre para vivir la vida que Él diseñó para ti.

Me gustaría que siempre recordaras que ser feliz no es tener un cielo sin tempestades, caminos sin accidentes, trabajos sin cansancio, relaciones sin decepciones.

Sino que es:

- Encontrar fuerza en el perdón, esperanza en las batallas, seguridad en el momento del miedo, amor en los desencuentros.
- Reconocer que vale la pena vivir la vida, a pesar de todos los desafíos, incomprensiones y períodos de crisis como el que estamos viviendo con la pandemia del covid19.
- Ser feliz no es una fatalidad del destino, sino una conquista de quien sabe viajar "mar adentro" de su propio ser.

La persona en búsqueda de la Felicidad

Brenda muy detallista me dijo: —en varias ocasiones has mencionado el tema de la felicidad o ser feliz. ¿Cómo entiendes ahora la felicidad?

Mi querida Brenda hablar de la felicidad no es tarea fácil, menos en este tiempo en que vivimos en el cual parece que la mayoría de las personas miden su felicidad de acuerdo con lo que poseen. Pero la felicidad no depende tanto de lo que tenemos, sino de lo que somos. No proviene de lo que pasa a nuestro alrededor, sino de lo que pasa dentro de nosotros. Para ilustrarte esto, déjame contarte la historia del árbol infeliz:

Había un hermoso jardín lleno de matas y árboles: manzanos, naranjos, perales, bellísimos rosales, todos ellos felices y satisfechos. Todo era alegría en el jardín, excepto por un árbol profundamente triste. El pobre tenía un problema: ¡No sabía quién era! y se esforzaba en vano por ser como los demás le decían que fuera: -Lo que te falta es concentración –le decía el manzano-. Si lo intentas, podrás tener unas sabrosas y hermosas manzanas como las mías. Ya verás qué fácil es. -No le hagas caso –le decía el rosal-. Es mucho más fácil tener rosas y mira bien lo bellas que son y cómo toda la gente se detiene a admirarlas. El árbol intentaba desesperado hacer todo lo que le decían los demás y, como no lograba ser como ellos, se sentía cada vez más triste y frustrado. Un día, llegó hasta el huerto un búho, que es la más sabia de las aves, y al ver la tristeza y desesperación del árbol, le dijo: -No te sigas preocupando más. Tu problema no es tan grave. Es el mismo de muchísimos seres sobre la tierra. Yo te voy a dar la solución: "No dediques tu vida a ser como los demás quieren que seas...Sé lo que Dios quiere que seas, y para lograrlo, escúchalo". Y dicho esto, el búho desapareció. "¿Lo que Dios quiere que seas?", se preguntaba el árbol sin encontrar sosiego hasta que, de pronto escuchó una vocecita que le hablaba en lo profundo del corazón: -Tú jamás darás manzanas porque no eres un manzano, ni florecerás cada primavera porque no eres rosal. Eres un roble y tu destino es crecer grande y fuerte. Tienes una misión. ¡Cúmplela! Y el árbol se sintió fuerte y seguro y se dispuso a ser todo aquello para lo que había sido creado. Ocupó su lugar en el huerto y todos empezaron a respetarlo y admirarlo. Desde aquel día, todos en el huerto que se dedicaban a ser ellos y no a querer ser como los demás, vivían felices.

Por eso mi querida Brenda, ante este interrogante que me planteas surge el desafío de cómo abordar el tema de la felicidad. Lo primero que te diría es que nadie puede ser feliz si no acepta su propia historia, esto es, su pasado, su presente y se compromete a labrar su futuro. La felicidad no depende tanto de lo que tenemos, sino de lo que somos. No proviene de lo que pasa a nuestro alrededor, sino de lo que pasa dentro de nosotros. Es un estado de la mente y consiste en vivir en paz consigo mismo, en pensar y obrar de manera positiva, en aceptarse y atreverse a ser lo que uno se propone ser.

He llegado al convencimiento de que podemos ser más felices si decidimos serlo. Es imposible ser feliz si uno vive amargado, enojado, frustrado o guarda algún tipo de rencor o envidia en su corazón. No serás feliz si te desprecias, si desprecias tu cuerpo, si vives pendiente de los demás. Podemos vivir felices y fecundos, aceptando lo que somos, o marchitándonos en nuestras propias insatisfacciones, en nuestras absurdas comparaciones con los demás: "Si yo fuera...", "si yo tuviera...".

Hallazgos de un estudio sobre la felicidad

Mi concepción de la felicidad es algo más existencial, por eso te voy a invitar a ver una conferencia que circula en Internet de un profesor de la Universidad de Harvard, acerca de un estudio longitudinal sobre la felicidad. La primera vez que la vi, me impactó mucho: la charla de TED de Robert Waldinger[48], el director de esta investigación sobre lo que hace la gente feliz. Se llama estudio longitudinal; porque fue realizado a un grupo de personas a quienes se les dio seguimiento durante varias generaciones, formado por los mismo individuos con distintos niveles socioeconómicos-demográficos. Alguno de los cuales llegó a ser presidente de USA.

En la charla de resultados del Dr. Waldinger[49] se pregunta ¿Qué hemos aprendido en este estudio longitudinal? ¿Qué lecciones surgen de las decenas de miles de páginas de información que generamos sobre estas vidas? Él dice: las lecciones no tienen que ver con riqueza, fama, ni con trabajar mucho. El mensaje más claro y contundente

48 https://www.ted.com/talks/robert_waldinger_what_makes_a_good_life_lessons_from_the_longest_study_on_happiness/transcript?__s=iwak7nabietb29i01fpx&utm_source=drip&utm_medium=email&utm_campaign=Training+gratuito+L2&utm_content=%C2%BFEs+para+ti+el+%28k%29no%28w%29madismo+digital%3F#t-452474

49 *Robert Waldinger is the Director of the Harvard Study of Adult Development, one of the most comprehensive longitudinal studies in history.*

de estos 75 años de estudio lo resume así: "Las buenas relaciones nos hacen más felices y saludables. Punto".

Y a continuación añade:

> "Hemos aprendido tres cosas sobre las relaciones. La primera es que las conexiones sociales nos hacen bien, y que la soledad mata. Segundo, que las personas con más vínculos sociales con la familia, los amigos, la comunidad, son más felices, más sanos y viven más que las personas que tienen menos vínculos. Y tercero, que experimentar soledad resulta ser tóxico. Las personas que están más aisladas de lo que quisieran de otras personas encuentran que son menos felices, son más susceptibles a recaídas de salud en la mediana edad, sus funciones cerebrales decaen más precipitadamente y viven menos que las personas que no están solas. Y lo triste es que, en cualquier momento, más de 1 de cada 5 estadounidenses informaron estar solos".

Te resumo las conclusiones del estudio: la felicidad aumenta cuando puedes disfrutar de los 3 C's en tu vida:

- **Contribuir:** ayudar a los demás.
- **Crecer:** a nivel personal y profesional.
- **Cuidar:** a ti primero, a tus seres queridos, a tus relaciones importantes.

Para aclarar tus interrogantes, mi querida Brenda, no creo que debieras limitar tu búsqueda de la felicidad a ser feliz en el plano profesional. Así que sentirte bien con tu profesión contribuye bastante —mucho para algunos— a tu estado de felicidad global. Trata de diseñarte primero una vida feliz. Cada uno tenemos una definición distinta de la felicidad. Luego intenta superar tus miedos y trabaja en construir esta visión que habrás tenido de tu vida perfecta.

Puedes construir todo lo que desees, siempre que lo construyas con tu esfuerzo, poco a poco. Puede que necesites una vida para lograr construir esta visión. Así que trata de ser feliz antes de terminar tu proyecto de vida.

Claves de la Felicidad

- **Mantener un equilibrio**

Si te dedicas a desarrollar sólo el ámbito profesional, es probable que vaya en detrimento de las demás áreas de tu vida (personal, familiar, social y espiritual). Decíamos anteriormente que felicidad es una decisión, porque en el ámbito de la ayuda cada vez que me encontraba con una persona haciéndose la víctima o lamiéndose las heridas le decía: "serás todo lo feliz que decidas ser". Casi siempre me miran con extrañeza, pero les explicaba que si alguien se convence que es un desdichado y se la pasa lamentándose y quejándose de sus decisiones o su mala suerte y repite con insistencia que la felicidad no existe, será una persona desdichada e infeliz.

La felicidad es un estado de ser y ver la vida. Momentos simples con los tuyos. Detalles, matices; pueden cambiar el estado de ánimo y la forma como percibimos la vida. No es lo que nos pasa sino la interpretación que hacemos de lo que no ocurre. La mayoría de los terapeutas coincidimos en que la felicidad no es un destino. Lo importante es aprender a disfrutar el camino o el proceso.

- **Dejar de quedarle bien a todo el mundo**

Uno de los principales temores que tenemos es decepcionar a los demás, especialmente a aquellos que son significativos para nosotros porque duele mucho que una de esas personas cercanas nos diga: "me has decepcionado". No es que lo haya vivido abiertamente, pero algunos de aquellos que consideraba cercanos indirectamente me lo han dejado saber con actitudes o comportamientos que así lo reflejan. La reacción inmediata es pensar: ¿qué he hecho mal, acaso soy una mala persona? Como respuesta a esas actitudes, casi de forma inmediata aparece "la culpa" como una emoción negativa.

Por eso, hoy quisiera reconceptualizar el término "decepción" que hemos adquirido de nuestra sociedad (precepto social) que nos ha trasmitido la idea errónea de que siempre debemos quedarle bien a los demás, aunque por dentro se nos rompa el corazón. A veces a costa de nuestra felicidad. ¿Por qué ocurre esto? La respuesta es simple, porque primero nos enfocamos en las necesidades de los demás y de último en las nuestras, afectando insoslayablemente nuestra autoestima y, en consecuencia, nuestra toma de decisiones.

La autoestima no proviene de lo que dicen o piensan los demás, sino que es el propio autoconcepto, la genuina sensación interna de estar intentando ser la mejor persona que se puede ser.

La autoestima es el reconocimiento del valor de sí mismo, es estar conforme con el propio esquema corporal, con la identidad, con la conducta, con las relaciones y con el trabajo que se ha elegido; es haber aprendido a respetar el propio lugar, las necesidades, los sentimientos y las propias emociones; es tener el coraje de seguir las inclinaciones y la vocación personal; es saber que lo que se ha llegado a ser ha sido ganado con fuerza de voluntad y esfuerzo; es tener proyectos y confiar en sí mismo; es saber perdonarse los errores y tener esperanza; es estar orgulloso de la persona que se es.

Para combatir las emociones negativas que otros nos hacen sentir; necesitamos tomar conciencia que eso de querer complacer a "todo el mundo", es una falsa expectativa porque es imposible que "todo el mundo" esté de acuerdo con nosotros. Al contrario, en lugar de centrarnos en el exterior debemos centrarnos en nuestro interior, lo importante es que no nos decepcionemos a nosotros mismos. Además, debemos procurar no pretender complacer a los demás en detrimento de nuestra esencia, que solo genera un sentido de frustración.

Si queremos ser felices debemos reenfocarnos, **porque la vida no se pierde cuando nos morimos, sino cuando dejamos de ser felices.** Ser feliz es dejar de sentirte esclavo de lo que piensan los demás, para convertirte protagonista de tu propia historia.

El gran poeta Shakespeare dijo: [50]
"¿Siempre me siento feliz, sabes por qué?
Porque no espero nada de nadie;
esperar siempre duele.
Los problemas no son eternos,
Siempre tiene solución"

Bienestar integral

La felicidad contribuye a nuestro bienestar en general, en el trabajo, en la salud, en la vida familiar, social y espiritual, todo lo cual nos torna más generosos y amables y nos transforma en personas más propensas a contribuir con los demás.

Brenda interfiere preguntando ¿de qué tipo de bienestar estamos hablando? A lo que respondí: -No estoy hablando de aquel que se mide solo por los logros y éxitos obtenidos a nivel social, sino de aquella dimensión del bienestar que tiene que ver con la esencia del ser humano que anda en búsqueda de la plenitud.

En el mundo de la ayuda me he encontrado con personas que socialmente parecen "exitosos", pero cuando reflexionan un poco se dan cuenta que llevan un ritmo de vida frenético, desenfrenado, sin tiempo para nada, cuyo único propósito consiste en lograr dinero, fama o éxito social, a costa del descuido de su familia, amigos y, muy especialmente, de sus sentimientos y de sí mismos. Son personas que no atienden o comprenden bien, sus necesidades básicas corporales: algunos se alimentan mal, comen a deshoras, duermen poco y

50 https://psicologiaymente.com/reflexiones/frases-william-shakespeare

mal, no hacen ninguna o muy poca actividad física, fuman, usan estimulantes, beben en exceso, no respetan su ritmo biológico; así como también tienen muchas dificultades para escuchar y atender su mundo interior y su alma: les cuesta desarrollar y expresar sus emociones y sentimientos, se comunican mal, su sexualidad está perdida, desconectada o distorsionada, no desarrollan su creatividad, ni sus talentos y dones espirituales, viven en un sin sentido.

Cada vez que atendía a una persona que llegaba con este desbalance en su vida les recordaba aquella historia titulada **"El secreto del malabarista"** y hoy también la quiero compartir contigo:

> *Se cuenta que en el discurso de graduación # 172 del Georgia Tech Institute el 6 de septiembre de 1991, el ex CEO de Coca Cola, Bryan Dyson, habló sobre la relación entre el trabajo y otros compromisos en la vida.*
> *Aquel día les dijo: "Imaginen la vida como un juego en el que ustedes hacen malabarismos con cinco bolas que arrojan al aire.*
> *Cada una de ellas son el trabajo, la familia, la salud, los amigos y el espíritu.*
> *Pronto se darán cuenta de que el trabajo es una bola de goma.*
> *Si se cae, rebota.*
> *Pero las otras cuatro bolas: familia, salud, amigos y espíritu, son de vidrio.*
> *Si se deja caer una de esas, va a quedar irrevocablemente dañada, rayada, rajada o rota.*
> *Sin importar que la recojas del suelo, la limpies, la repares y la pulas, Nunca volverán a ser las mismas.*
> *Compréndanlo y busquen el equilibrio en la vida.*
> *Esa es la clave del balance de la vida."*
> *Ese es el secreto del malabarista.*
> *No te angusties tanto por la pelota de goma, preocúpate por proteger las de cristal".*

Una vez que terminaba de contarles la historia les lanzaba la pregunta: ¿Cuál o cuáles bolas de cristal has dejado caer? A lo que la mayoría casi siempre cabizbajos me respondían que una o dos bolas de cristal frecuentemente se le caían y algunas ya se le habían roto. Por lo que hoy te invito a reflexionar sobre este tema del bienestar con el deseo de buscar una vida más equilibrada. Primero comencemos con la definición de términos.

Según la Real Academia Española (RAE)[51] **el bienestar** "es el conjunto de las cosas necesarias para vivir bien". Pero no me puedo quedar con la simple definición, tengo que ir más allá y hablar del bienestar integral, que envuelve todas las áreas del ser humano. Hablar del **bienestar integral** de las personas es tan complejo como su propia definición. Supone un sano equilibrio entre los tres pilares fundamentales del ser humano: Mente, cuerpo y espíritu, conlleva un sentido de seguridad, integración familiar, relaciones personales, desarrollo familiar y manejo del estrés".

Distintas perspectivas del bienestar

Durante mi formación filosófica, teológica y psicológica en diversos foros y con distintos enfoques escuché hablar de **bienestar**. Al principio de mi formación no le di mucha importancia a este tópico, sin embargo, con la madurez que dan los años y las experiencias de la vida descubrí que "el bienestar" es esencial para todos los seres humanos.

A continuación, voy a presentar unas pinceladas de las distintas perspectivas, sin querer agotar el tema, en las primeras dos (filosófica y teológica) de manera general y en la tercera (psicológica) me voy a extender un poco más ya que es la disciplina que más lo ha trabajado y desarrollado a tal grado de convertirlo en una de las perspectivas más deseadas por las personas en la actualidad.

Desde la perspectiva filosófica, el bienestar ha sido definido por los filósofos clásicos como la ausencia de mal, pero esta concepción

51 https://dle.rae.es/bienestar?m=form

tiene sus grandes limitaciones. A lo largo de la historia los filósofos han hablado del bienestar con una gama de términos afines como lo son: felicidad, dicha, riqueza, satisfacción con la vida, optimismo, etc. En la actualidad, eso sí, el tema ha dejado de tener un matiz filosófico y teológico para ser abordado por las ciencias sociales y, en especial, desde las perspectivas económica y psicológica.

Para la perspectiva teológica, el bienestar se alimenta de la concepción filosófica, que habla de la persona feliz en todos los ámbitos; postula que para alcanzar el bienestar se debería poseer los tres bienes: los materiales, los del cuerpo y los del alma, sin embargo, esta postura privilegia los bienes del alma. Ya que, si se obtiene un cierto grado de felicidad poseyendo los bienes del alma, estos compensan de alguna manera la falta de los otros bienes.

En la tradición judeo-cristiana esto se refleja en el término bíblico: "Shalom" que no sólo significa un simple saludo de paz, sino que expresa un profundo deseo de bienestar integral para todo aquel que está dirigido, donde se le desea todo lo bueno y santo: salud, abundancia, armonía, paz interior, calma y tranquilidad.

A nivel psicológico, el bienestar se entiende como el desarrollo de las capacidades y el crecimiento personal, donde el individuo muestra indicadores de funcionamiento positivo[52]. Fue la psicóloga **Carol Ryff** [53] (1989) quien desarrolló un modelo de Bienestar Psicológico[54] que puede considerarse precursor de los actuales modelos de Psicología Positiva, y que aún hoy continúa siendo una de las más brillantes aportaciones en las teorías y aplicaciones relacionadas con el bienestar humano. Ryff (1989) quien definió seis dimensiones para evaluar el continuo positivo-negativo del bienestar psicológi-

52 Diaz, D., Rodriguez-Carvajal, R., Blanco, A., Moreno-Jimenez, B., Gallardo, I., Valle, C., & Van Dierendonck, D. (2006). Adaptación española de las Escalas de Bienestar Psicológico de Ryff. Psicothema, 18(3), 572-577.

53 Carol Diane Ryff es una académica y psicóloga estadounidense.

54 Ryff, C. D. (1989). Happiness Is everything, or is it? Explorations on the meaning of psychological well-being. Journal of Personality & Social Psychology, 57(6), 1069-1081

co[55]. Esta mirada del individuo de manera multidimensional da mayor énfasis al funcionamiento positivo, mediado por el desarrollo de las capacidades y el crecimiento de la persona.

El enfoque multidimensional del bienestar

En este modelo multidimensional de la Dra. Ryff, cada ámbito es un índice de bienestar en sí mismo, y no un predictor de bienestar, de ahí que señale las consecuencias de mantener niveles óptimos o deficitarios en cada uno de ellos. Otra ventaja añadida al modelo de Ryff es el hecho de que construyó un cuestionario para evaluar las dimensiones. Curiosamente, esta escala de bienestar incide en el hecho de que la salud mental positiva es relativamente independiente de la salud mental negativa.

Tal y como señala la propia Ryff en sus investigaciones, estas dimensiones se relacionan tanto con una mayor satisfacción vital y un mayor bienestar subjetivo, así como indicadores de una mejor salud física: menores niveles de cortisol (hormona producida cuando hay altos niveles de estrés), menores niveles de citocinas (indicador de procesos de inflamación crónicos), menor riesgo cardiovascular y mayor duración de sueño REM (mejor patrón de sueño).

55 Ryff, C. D. (1989). Happiness Is everything, or is it? Explorations on the meaning of psychological well-being. Journal of Personality & Social Psychology, 57(6), 1069-1081.

El gráfico[56] del modelo multidimensional de la Dra. Ryff:

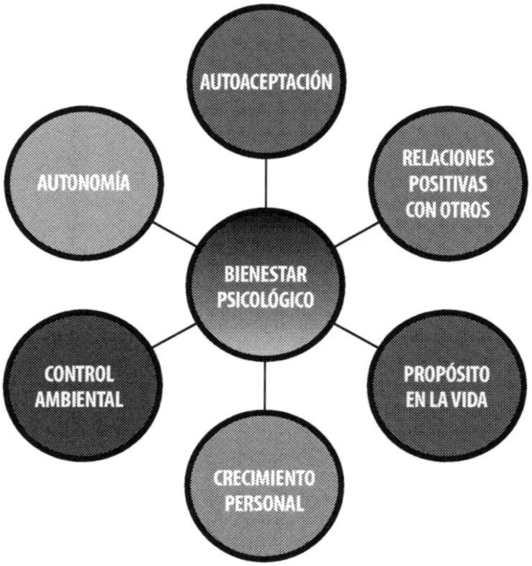

Tabla 1: Definiciones del modelo de bienestar multidimensional[57] (Ryff & Keyes, 1995)

Dimensión:	**Definición:**
1. Autoaceptación	Evaluación positiva presente y pasada.
2. Autonomía	Sentido de autodeterminación.
3. Crecimiento personal	Sentido de crecimiento y desarrollo como persona.
4. Propósito en la vida	Creer que la vida tiene significado y propósito.
5. Relaciones positivas con otros	Poseer o desarrollar relaciones de calidad con otros.
6. Dominio del Entorno	Capacidad de manejarse efectivamente en el ambiente que le rodea.

56 http://www.crecimientopositivo.es/portal/wp-content/uploads/2012/09/imagen_psicologiapositiva1.png

57 Ryff, C. D., & Keyes, C. L. M. (1995). The structure of psychological well-being revisited. Journal of Personality & Social Psychology, 69.

El modelo de las seis dimensiones propuesto por la Dra. Ryff, facilita la evaluación comprensiva del individuo desde una perspectiva de funcionamiento global. Por ejemplo, el establecimiento de relaciones positivas con otros puede estar mediado por el nivel de aceptación que tiene el individuo de sí mismo. A su vez, el estado saludable de esas relaciones se basa en el nivel de autonomía que tiene cada una de las personas que participa de la relación.

Para mi sorpresa, encontré que en el clero secular rara vez se establecen estas relaciones positivas, generalmente se justifica como "la soledad que debe vivir el líder religioso". Recuerdo una ocasión que un venerable obispo muy respetado por la mayoría de su clero me dijo: "Giovanni recuerda que entre más líder seas, más solo vas a vivir y más solo te vas a sentir". A lo que respondí, en tono jocoso, que en este tiempo se necesita estar mentalmente desajustado para querer ser Obispo, menos sabiendo que eso implica vivir un mayor grado de soledad al que ya vivimos. El Obispo soltó una carcajada y sólo atinó a afirmar con la cabeza.

Por otro lado, la capacidad para dominar el entorno muchas veces depende del estado de crecimiento personal del individuo y éste, a su vez, con el establecimiento de metas concretas (propósito en la vida). Cuando hablamos de bienestar psicológico también debemos considerar la perspectiva de desarrollo humano, ya que los modelos de desarrollo humano complementan la visión del bienestar psicológico. En términos del desarrollo y su relación con las dimensiones, se ha encontrado evidencia[58] que a medida que crece en edad el individuo, presenta niveles más bajos en las distintas dimensiones de propósito en la vida y crecimiento personal.

58 Ibidem. Ryff & Keyes, 1995; Ryff & Singer, 1998.

Las distintas dimensiones del bienestar multidimensional

A continuación, voy a presentar cómo cada dimensión del **bienestar multidimensional** (BM) impacta nuestras vidas.

1. **Autoaceptación**

La primera dimensión es la autoaceptación o aceptación personal, y parte de la premisa de que el individuo acepta el pasado como un hecho, lo que pasó, y se "mueve" a vivir en el aquí y el ahora. En un determinado momento de mi vida comencé a descubrir que una parte esencial era aceptar las emociones y sensaciones que estaba viviendo, como parte de las experiencias que la vida te provee y no podía seguirlas negando o ignorando. Me sentía llamado a hacer un trabajo dirigido a desarrollar "comodidad con mis propias emociones"; dejar la lucha por pensar y sentir "mejor" y comenzar a vivir mejor con lo que se piensa y se siente. Este había sido uno de los aspectos que había dejado rezagado por querer ser fiel al estilo de vida como consagrado.

2. **Autonomía**

La segunda dimensión del BM es la autonomía, la cual corresponde a tener la habilidad de resistir las presiones sociales, de pensar o actuar de cierta forma y de guiar y evaluar comportamientos basados en estándares internalizados y valores. Como una persona consagrada, podía contribuir a regular mis actitudes y comportamientos, pero se me hacía difícil mejorar la autodeterminación e independencia. Con trabajo psicológico, se espera que la persona pueda asumir el control de las decisiones que toma. Así como evaluar en qué áreas puede tomar el control y en cuáles no; con el fin de lograr una adecuada autonomía.

3. **Crecimiento Personal**

Como tercera dimensión se encuentra el crecimiento personal. Esta dimensión se refiere a la búsqueda continua de las capacidades existentes, talentos y oportunidades para el desarrollo personal y para realizar su potencial. Esto es, el funcionamiento positivo óptimo requiere también que la persona siga creciendo y logre al máximo sus capacidades.

No obstante, al consagrado sólo se le permite crecer en su área específica ya que cualquier otro deseo en buscar el crecimiento personal se miraba como egoísta y hasta sospechoso. Una vez un "venerable" sacerdote que incluso había sido superior general de la Congregación me dijo: "sabes por qué no permitimos que los jóvenes estudien ciencias profanas, porque abren los ojos y se van". Ante esta estrechez mental, recuerdo que le dije que era todo lo contrario a lo que ocurría en las grandes órdenes religiosas (por ej. Jesuitas y Dominicos) más bien promovían el desarrollo y crecimiento de sus miembros. Por eso es importante que, en todos los campos, facilitemos el desarrollo y crecimiento personal, de modo que la persona pueda estar abierta a nuevas experiencias, enriquezca y sirva a su comunidad.

4. Propósito en la vida

La cuarta dimensión se refiere a las expectativas personales, metas, intenciones y sentido de dirección del individuo. Implica un proceso de desarrollo, maduración y adaptación al cambio. Esto está íntimamente relacionado al propósito o cumplimiento de alguna meta o logro. El Dr. Viktor Frankl, fundador de la Logoterapia, después de muchos años de investigación descubrió que nosotros como humanos necesitamos tener un significado y un propósito, requerimos saber que cuando nos levantamos necesitamos saber por qué lo hacemos, precisamos impulsos, alicientes, motivaciones en la vida.

Soy consciente de que el presbítero generalmente tiene un propósito de vida, sin embargo, en la realidad vive una vida tan absorbida por el ministerio, quehaceres, múltiples responsabilidades que no le permiten la realización plena de otras dimensiones de su humanidad como lo son la emocional-afectiva, incluyendo su sexualidad a la cual tiene que renunciar como parte del compromiso asumido. En el ámbito psicológico, este sentido de vida es considerado como un indicador de salud mental.

5. **Relaciones positivas con otros**

Como quinta dimensión se encuentran las relaciones positivas con otros. La misma se refiere a la habilidad para cultivar y mantener relaciones estrechas con otros. Las personas necesitan mantener relaciones sociales estables y tener al menos a alguien a quien amar y confiar, ya que esto promueve la aceptación social y el compromiso. Por tanto, la capacidad de relacionarse afectivamente con otro ser humano al mismo nivel, es un componente clave del bienestar. El enfoque de esta dimensión es promover relaciones saludables, satisfactorias y de confianza con los demás; estar atento a las necesidades del otro y desarrollar la capacidad de empatía, afecto e intimidad.

En la vida celibataria esta dimensión está limitada y muchos célibes al no poder establecer estas relaciones de afecto e intimidad asumen la posición del solterón amargado o entran en relaciones ilícitas (conducta impropia) provocando un rompimiento interno ya que prometió fidelidad a la castidad, romper con este compromiso es como traicionarse así mismo, traicionar a Dios y a los demás. Esto innegablemente afecta su salud mental y es por lo que nos encontramos con muchas personas consagradas que viven amargadas o llevan una doble vida y/o desarrollan una sintomatología, generalmente oculta o disfrazada. Por eso no es de extrañar encontrarse en el clero un cierto grado de trastornos psicológicos no reconocidos y menos atendidos.

6. **Dominio del entorno**

El dominio del entorno es la habilidad para elegir o crear ambientes favorables para satisfacer los deseos y necesidades propias. La misión del consagrado, tradicionalmente se ha entendido como sacrificial o donación y entrega a los demás, en hacer feliz a los demás, servir a los demás, por lo tanto, a nivel psicológico se ve como una contradicción buscar satisfacer los deseos o las necesidades propias. Un principio muy elemental en el ámbito psicológico es que primero hay que amarse a sí mismo porque es lo que permite amar a los demás, relacionarse mejor y triunfar en la propia vida, por eso es tan importante elevar el nivel de autoestima.

También hay que tener las necesidades básicas cubiertas para luego poder satisfacer las necesidades de los demás. Otro componente estrechamente relacionado con el BM es el optimismo, o tener la capacidad de esperar que sucedan cosas buenas. Esta dimensión promueve que la persona aprenda a maximizar las oportunidades que enfrenta y está llamado a crear contextos apropiados que satisfagan sus necesidades y valores. Por eso, uno de los aportes que podemos hacer los que hemos tomado consciencia de esta situación, es luchar por un cambio de la estructura eclesial que limita que sus miembros puedan desarrollar un bienestar integral.

En síntesis, los expertos aseguran que el término bienestar psicológico, ha estado correlacionado en las investigaciones científicas, con otros dos términos como lo son la satisfacción con la vida y la felicidad. Más adelante vamos a profundizar en estos dos temas ya que los consideramos vitales para encontrar el bienestar integral.

¿Cómo podemos gestionar la insatisfacción?

En primer lugar, soy de los que creen que todos estamos llamados a vivir una vida más satisfactoria en general. Sin embargo, a lo largo de mi vida he tenido el privilegio de conocer a muchas personas que viven un alto grado de insatisfacción, tanto en lo que son como en lo que hacen. En el mundo de los consagrados (célibes) esto no es diferente, quizá por estar ligado al mundo de la ayuda psicológica conocí más personas insatisfechas que lo contrario. Lógicamente, el que viene a la consulta no es el sano sino aquel que reconoce que tiene una situación que necesita ser atendida.

Cuando trabajaba en ayuda psico-espiritual (este es mi modelo favorito de intervención), cada vez que alguien llegaba a mi oficina con esta situación, una vez que terminaba de escuchar su relato, yo les interpelaba diciéndole: **¿Para qué puede servirte tu insatisfacción?** Casi siempre se quedaban mirándome con "ojos de vaca cagona", es decir, muy asombrados de que la insatisfacción pudiera servir para algo.

Mi respuesta inmediata era: "t**engo una buena noticia para ti".**

Con cierta incredulidad casi siempre me ripostaban: ¿puede haber algo positivo cuando te hablo de mi insatisfacción personal, profesional, matrimonial o cualquier otra dimensión humana?.

Les respondía afirmativamente con mi cabeza y les decía que casi siempre la insatisfacción tiene dos caras: Una, que es la más usual o que casi todo el mundo percibe, como aquella que puede amargarte y, otra, es la que te puede ayudar a progresar.

Inmediatamente invitaba a la persona a abrirse a esa nueva perspectiva de gestionar su insatisfacción actual como algo que pudiera llegar a ser positiva, mejorar y superarse día a día. Este nuevo enfoque casi siempre era como un despertar personal, era como abrir un nuevo horizonte que le daría a la persona una nueva energía y motivación necesaria para poder sobrepasar las circunstancias que le estaban drenando la vida y le dieran la motivación necesaria para vencer los obstáculos que le estaban limitando a vivir una vida más plena.

Le decía: "esta nueva perspectiva puede ser el acicate (trampolín) que te impulse a vencer los obstáculos que la vida te esté presentando ahora mismo".

Una vez presentada la meta de la ayuda les invitaba a reflexionar sobre lo que estaban viviendo, preguntaba:

¿Estás consciente qué es lo que provoca tu insatisfacción? Esto tiene la finalidad de ayudar a desenmascarar la careta amarga de la insatisfacción. Curiosamente muchos coincidían en afirmar que esto ocurría cuando permitían que se instalara en sus vidas la rutina, el aburrimiento, la desmotivación, etc. ,de aquello que un día tuvo sentido, pero ya no lo tiene.

También es cierto que hay rutinas que son necesarias en nuestra vida porque proporcionan orden y eficacia en las tareas diarias, mientras que hay otras que pueden crear dificultades en tu vida y convertirse en negativas; cuando se transforman en una camisa de fuerza que no te dan libertad de movimiento, sientes que no encuentras sentido a lo que haces y que no puedes hacer algo diferente; entonces comienzas a entrar en una etapa de desmotivación en donde se pierden tus sueños, tus metas, tus ideales, etc.; hasta llegar al punto de sentirte atrapado en tu propia vida, por no tener otra alternativa.

También en mi práctica profesional he conocido personas que se han quedado enganchadas en la insatisfacción por no tener el coraje de enfrentar su realidad, que a veces es difícil de enfrentar, prefieren llevar una vida anodina y sin sentido, llenos de frustración y amargura. Que no sólo arruinan su vida, sino que también amargan la vida de los demás.

Recuerdo un caso que atendí hace unos años , una joven que llevaba 4 o 5 años de casada, pero no había podido engendrar hijos por una situación biológica que "supuestamente" sólo ella tenía porque el marido nunca aceptó hacerse los chequeos médicos, argumentando que él era una persona joven y saludable. Además, el marido no quería aceptar la situación, y por más tratamientos médicos a los que ella se había sometido, no habían podido lograr el embarazo deseado. Después de explorar otras alternativas (como la adopción), siempre lo descartaba diciendo que su esposo sólo quería un "hijo de su sangre".

Esta situación, con el paso del tiempo fue generando un distanciamiento emocional entre ambos, debido a las constantes peleas, reproches, humillaciones y desplantes que el marido le hacía. Ella confiesa que se casó muy enamorada, pero todos aquellos vejámenes habían ido matando el amor. La única vez que el marido aceptó acompañarla a una de nuestras sesiones, presentó una posición muy machista en donde todo el tiempo culpabilizó a su esposa de todos los problemas maritales que estaban teniendo, además solo sirvió para reafirmar que él solo quería tener un "hijo de su sangre". Estas circunstancias habían escalado a un nivel que ella manifestaba que vivía una vida miserable al lado de su pareja. Al final ella decidió tomar la difícil decisión de separarse.

Lo paradójico de la vida fue que después de separarse, ella se unió con otra persona y un par de años después llegó con un bebé en sus brazos. Además, cuenta que el esposo rehízo su vida con una nueva pareja, pero todavía seguían sin poder tener hijos.

Tristemente esto también ocurre en el clero secular, en donde se ofrece a los presbíteros muchas seguridades y sus miembros se instalan en una zona de confort que les permite vivir una vida "tranquila". Sin embargo, fruto de esas insatisfacciones ocurren una serie de comportamientos inadecuados que hacen mucho daño a sus feligreses que tienen que sufrir sus arrebatos, sus amarguras, sus comportamientos destemplados, a veces hasta cierto grado de maltrato. En consecuencia, la feligresía termina pagando las que no debe, a causa de alguien que no tuvo el coraje ni la valentía de tomar una decisión que beneficiara a todas las partes.

Este puede ser un buen momento para gestionar alguna insatisfacción que tengas, podemos aprovechar un determinado evento o acontecimiento en nuestras vidas para entrar en un proceso de autodescubrimiento acerca de lo que necesitamos hacer, al identificar aquello que nos mantiene atrapados en la mediocridad. Podemos convertirlo en "un punto de inflexión" en nuestra vida que marque un antes y un después, puede ser a raíz de habernos tomado unos días de vacaciones, un retiro, una sabática, etc. Es decir, darnos la oportunidad de descubrir lo que necesitamos para darle un golpe de timón a nuestro destino. Porque solo cuando sabemos lo que necesitamos, podemos transformarlo. Aclaro, hablo de necesidades vitales, no hablo de caprichos pasajeros cuya satisfacción no nos alimentará nada.

Es ese momento en el cual tu propia insatisfacción puede convertirse en el motor de cambio para una nueva vida, sientes que algo en tu vida no está 'completo', que no estás al 100% de lo que quieres ser y hacer. Falta algo. Es esa sensación de insatisfacción, que en el mejor de los casos, se transformará en **información privilegiada**. Es un trampolín para tomar las decisiones que se tengan que tomar por más difíciles que parezcan. (Ver cap. sobre tomas de decisiones). Recuerda que, si te conformas con lo que estás viviendo, empiezas a morir. Por eso, frecuentemente nos encontramos a "muertos que caminan". Así que "Pienses lo que pienses y te sientas como te sientas, haz lo que debes." (Alfonso Alcántara). Si queremos ser felices, debemos asumir la responsabilidad completa de nuestro bienestar integral.

Hablar nos hace mucho bien

Hace varios años vi una película argentina que me impactó, la promocionaron en el cine con el título: "De eso no se habla" (1993). Era un filme con la participación del famoso actor Marcello Mastroiani encarnando al místico italiano D'Auria, el cual se enamora de **Charlotte, una muchacha enana**, quién representa una metáfora para todos nosotros, porque de una manera u otra, ella era diferente a la mayoría. Ella puede ser cualquier persona, por ejemplo, una persona de color, extranjera, homosexual, inmigrante, pobre, podría ser cualquiera que no sigue el patrón común o el precepto social.

El protagonista tenía fama de aventurero, una próspera situación económica y una rara seducción que provocaba que tanto las mujeres adultas como las más jóvenes de la región suspiraran por él. Parecía un hombre satisfecho hasta el día en que, sin el menor indicio, descubrió con espanto que se hallaba perdidamente enamorado de aquella enana. La película, entre otras cosas, profundizaba en el mundo de quienes son distintos o van en contra de lo establecido.

Es muy frecuente que pasemos por situaciones que casi nos obligan a callar. En nuestras familias siempre hay temas o asuntos que simplemente "no se hablan", pero casi siempre la mayoría sabe, aunque sea una parte de la historia. Por ejemplo, los secretos familiares, cuando son muy graves o revisten de gran cantidad de culpa, enferman a las personas que los cargan. El asunto es que parece haber un acuerdo tácito para no abordar el tema. Nos cohibimos de hablar sobre aquello de lo cual "no se habla", **lo que casi nunca caemos en cuenta es que "callar" muchas veces no nos hace bien.** Es como si el precepto social nos lo impidiera, generalmente justificamos el silencio con el argumento de "qué va a pensar o qué va a decir la gente".

Sin embargo, a nivel psicológico este silencio cómplice puede causarnos daño porque impide que nuestra mente ventile aquello que necesita procesarse e integrarse a la nueva realidad que estamos viviendo. La mayoría de las personas hemos pasado por esa experiencia en donde muchas veces estamos a punto de explotar, simplemente por la necesidad que todos tenemos de compartir las experiencias vividas (la mayoría no son ni buenas ni malas), simplemente son experiencias humanas.

Por lo general, conocemos cuales son las razones principales por las que callamos, aunque en lo más hondo de nuestro corazón sepamos que no nos hace bien. Surge la pregunta, entonces ¿por qué lo hacemos? Generalmente lo hacemos para protegernos o proteger a los seres queridos, otras veces es por temor o miedo a ser heridos. Sin embargo, es muy terapéutico poder expresar y soltar aquello que nos esclaviza, nos subyuga o nos ata a unas emociones que comúnmente son negativas. Cuando nos liberamos de ellas y las dejamos ir, también nos liberamos de la angustia, de los miedos y de las inseguridades asociadas a esos pensamientos negativos.

En la psicoterapia, los expertos en la conducta humana, ayudamos a las personas a ventilar todo aquello que no les hace bien. Para eso utilizamos técnicas y estrategias de intervención para que nuestros clientes se liberen de todo lo negativo que les esté afectando por medio de la terapia hablada, como dice la Psicóloga Ciara Molina:[59] "Las emociones que son expresadas, son las emociones superadas".

Expresar emociones no siempre es fácil, para algunas personas requiere todo un proceso terapéutico, a algunos los lleva a buscar ayuda profesional. Cuando me topo con alguno, suelo recomendar ayuda psicológica con un profesional que posea las cualificaciones necesarias para que pueda establecer una relación terapéutica de confianza. Una vez establecida esa relación, la persona estará en condiciones de expresar lo que siente sin percibir que es juzgada o enjuiciada; porque el terapeuta está ahí para ayudar no para juzgar y menos condenar.

Como parte de mi proceso liberador he decidido compartir contigo, amigo lector, aquellas emociones que tienen que ver con los sentimientos más profundos de mi corazón. Aquellos que se refieren no sólo al amor a lo intangible sino también al amor humano. Partiendo del principio de que el amor es el motor que mueve el mundo, he decidido compartir mis vivencias con el claro deseo que también a ti te ayuden a compartir las tuyas, provocando este círculo virtuoso de la liberación interior y su integración a la nueva realidad.

59 Molina Ciara. (2014) Emociones expresadas, emociones superadas. Edit. Planeta. México.

Capítulo VI
El amor en tiempos del coronavirus

La metamorfosis del corazón: Creo en el amor

Hace un tiempo me enviaron por email un escrito del Episcopado Mexicano que denominaron el "Credo de la Vida"[60], que yo lo he parafraseado y transformado en **"Mi Credo personal del Amor":**

- Creo y amo al Dios, Uno y Trino, que es fuente del Amor y de la Vida. Creo en Aquel que no discrimina, no juzga, no castiga porque es Misericordioso.

- Creo y amo a Jesucristo, Camino, Verdad y Vida. Creo en Aquel que me amó tanto que dio su vida por mí para poderme salvar y liberar.

- Creo y amo al Espíritu Santo, Señor y dador de Vida. Creo que el amor es un regalo de El: que se recibe gratis y se da de la misma manera.

- Creo y amo la hermosura de la igual dignidad de ser hombre y mujer, diferentes y complementarios.

- Creo y amo el regalo del amor que recibí de mi familia, derivado de Dios.

60 https://www.aciprensa.com/recursos/credo-de-la-vida-222

- Creo y amo el regalo del amor de pareja que tienen a Dios por Autor.
- Creo y amo la belleza y la bondad de la vida. Que nos inspira y nos invita a amar incondicionalmente.
- Creo y amo la sexualidad humana como un don de Dios para ser vivido con el ser amado.
- Creo y amo a la familia, fuente de vida.
- Creo y amo la generosidad en la entrega mutua, como fuente de un ciclo de bendiciones ilimitadas.
- Creo y amo la vulnerabilidad, la voluntad de abrir el corazón al otro, lo cual no es una debilidad sino más bien una fortaleza, porque es la puerta de entrada a la intimidad plena.
- Creo y amo la apertura emocional, -definida como la voluntad de remover las corazas impuestas por el egocentrismo y la obsesión por protegerse del sufrimiento-, es la clave de una conexión más profunda para la que fuimos creados por Dios.
- Creo en el amor, que te llega sin aviso, que entra sin pedir permiso y es capaz de sobrepasar todas las barreras que surjan, porque se aloja en tu corazón y en tu alma, para refrendar la huella de Dios en ti.
- Creo y amo la naturaleza, don confiado por Dios al cuidado del ser humano.
- Creo y amo la verdad de la ciencia, la cual es iluminada por la fe para llegar a conocer la verdad que Dios escribió en el ser humano y en la naturaleza.

- *Por esto,* ***me comprometo*** desde ya, a vivir y divulgar estas intenciones y declaraciones de manera tal que algún día tengamos un mundo en el cual vivamos movidos por el amor y lo consideremos la guía de nuestra vida.

Muchos han sido y son los autores que han intentado definir al amor. Desde poetas, científicos, artistas, terapeutas se han abocado a realizar esta ingente tarea, elaborando todo tipo de definiciones, cada uno desde su punto de vista. Sin embargo, es muy difícil definir el término en su totalidad por ser tan complejo, por lo que siempre queda una sensación de insatisfacción cuando revisamos cualquier definición del concepto. Yo diría que el 99% de las personas no han dado en el clavo a la hora de definir el Amor.

Hace algún tiempo me tope con una supuesta[61] famosa carta que al final de su vida el eminente científico Albert Einstein le escribe a una de sus hijas:

> *"Cuando propuse la teoría de la relatividad, muy pocos me entendieron, y lo que te revelaré ahora para que lo transmitas a la humanidad también chocará con la incomprensión y los perjuicios del mundo.*
>
> *Te pido, aun así, que la custodies todo el tiempo que sea necesario, años, décadas, hasta que la sociedad haya avanzado lo suficiente para acoger lo que te explico a continuación.*
>
> *Hay una fuerza extremadamente poderosa para la que hasta ahora la ciencia no ha encontrado una explicación formal. Es una fuerza que incluye y gobierna a todas las otras, y que incluso está detrás de cualquier fenómeno que opera en el universo y aún no haya sido identificado por nosotros. Esta fuerza universal es el AMOR.*

61 Digo supuesta porque no hay una referencia fidedigna y a los personajes célebres siempre les suelen colgar un sin número de frases y textos que rara vez pueden ser rastreados para verificar su autenticidad.

Cuando los científicos buscaban una teoría unificada del universo olvidaron la más invisible y poderosa de las fuerzas.

El Amor es Luz, dado que ilumina a quien lo da y lo recibe. El Amor es gravedad, porque hace que unas personas se sientan atraídas por otras. El Amor es potencia, porque multiplica lo mejor que tenemos, y permite que la humanidad no se extinga en su ciego egoísmo. El amor revela y desvela. Por amor se vive y se muere. El Amor es Dios, y Dios es Amor.

Esta fuerza lo explica todo y da sentido en mayúsculas a la vida. Ésta es la variable que hemos obviado durante demasiado tiempo, tal vez porque el amor nos da miedo, ya que es la única energía del universo que el ser humano no ha aprendido a manejar a su antojo".

Partiendo de esta conceptualización de A. Einstein, podríamos decir que el amor es una de las mayores motivaciones que tienen las personas, lo curioso es que no puedan definirlo, esto es casi un absurdo. Quiero atreverme a dar una definición de amor, aclaro que no es mía, no he creado tal definición, la voy a tomar del libro sagrado, porque desde tiempos inmemoriales la humanidad ha tratado de entender el amor.

En la Biblia, Jesucristo les recuerda a sus discípulos que primero está el mandato del amor a Dios (Dt 6, 5), que todos los judíos sabían de memoria y repetían dos veces al día en la oración del Shemá. Luego se agrega el mandato del amor al prójimo (Lev 19, 18)[62]. "Amarás a tu prójimo como a ti mismo". De estos dos mandamientos, dice, penden toda la ley y los profetas. Al colocar estos dos mandamientos como el eje de toda la Escritura, Jesús pone en primer lugar la actitud filial con respecto a Dios y la solidaridad interhumana como los fundamentos de toda la vida espiritual.

62 Ibidem Biblia de Jerusalén (1984).(Lev 19, 18) Desclee de Brouwer, Bilbao, España.

Jesús dice: «El primero es el más importante, y el segundo es semejante al primero». (*Mt 22,34*). Esta regla de Jesús parece no tener más que un capítulo, el del amor. El primero, es el amor a Dios: "Ama con todo tu corazón, toda tu alma, todo tu entendimiento". "El segundo es semejante a este: amarás a tu prójimo...". El primer y el segundo mandamiento no se oponen. Son mandamientos semejantes, porque el prójimo es amado por Dios.

El mandamiento mayor y primero es el amor a Dios, pero el amor al prójimo es señal y prueba del amor a Dios. Por eso dice San Juan que "quien no ama a su hermano, a quien ve, no puede amar a Dios a quien no ve" (I Jn 4, 20)[63].

No obstante, **es San Pablo quien define el amor cuando señala en Efesios 5,28-29**[64] "De la misma manera el marido debe amar a su esposa como ama a su propio cuerpo. Nadie odia a su propio cuerpo, sino que lo alimenta y lo cuida como Cristo lo hace con la Iglesia".

Algunos de ustedes se preguntarán: ¿Cómo es eso de amarse a sí mismo? ¿Acaso no nos han dicho que eso es egoísmo? Pero si no te amas a ti mismo, tampoco vas a ser capaz de amar a otra persona. Por eso cuando daba charlas a los jóvenes que se estaban preparando para el matrimonio, les decía: "Nunca se casen con una persona que no se ame a sí misma". Esta es la primera causa de la ruptura matrimonial (casi siempre me abrían los ojos como dos platos). Luego les explicaba que, a nivel psicológico, el amor a uno mismo también es el principio de la autoestima.

El gran teólogo, Sto. Tomás de Aquino decía[65]: "El amor a uno mismo es modelo -o medida- del amor a los demás" ¡Cuántas cosas hacen las personas para sí mismas! Todo el día transcurren satisfa-

63 1984 Biblia de Jerusalén. (I Jn 4, 20), Desclee de Brouwer, Bilbao, España.
64 Ibidem. Biblia de Jerusalén. (Efesios 5,28-29).
65 http://www.clerus.org/bibliaclerusonline/pt/hgj.htm

ciendo sus propias necesidades: higiene, alimentación, cuidado de la salud, ocio, diversiones, descanso...

No hay ninguna contradicción entre estos tres amores: amor a Dios, amor al prójimo y amor a la pareja. Parafraseando a San Pablo, con respecto al amor de pareja diría que, en el sentido bíblico, amar es alimentar y cuidar a la esposa; me explico: alimentar es llevarla a la madurez; cuidarla es resguardarla, en el sentido de protegerla. Para que este verdadero amor de pareja se dé, requiere que haya una afinidad completa del interior y un sentimiento genuino de amor mutuo, correspondido y libre.

Las cualidades del amor a uno mismo deben volcarse ahora hacia la otra persona en actitud de donación. Tal como lo describe 1era. Cor. 13, 7-8[66]: "el amor todo lo sufre, todo lo cree, todo lo espera, todo lo soporta. El amor nunca deja de ser". Ese amor descrito por San Pablo es el considerado el amor verdadero porque antepone al prójimo, procurando su bienestar y felicidad. Quien encuentra ese amor, encuentra un tesoro. Porque es aquel que es capaz de amar con un amor de entrega: profesa un amor constante, eficaz, atento, provechoso, etc.

Amar y ser amados

Como presbítero y psicólogo siempre había tenido claro que lo fundamental en la vida es amar y ser amado. Esta es la primera lección cristiana que uno aprende cuando consagra su vida a Dios. Sin embargo, también te enseñan en el seminario que ese amor es exclusivo y está reservado solo para Dios. Pero la maestra vida se encarga de mostrarte otras realidades que no están en contradicción con este principio fundamental. **El amor a Dios no se contrapone al amor humano sino todo lo contrario quien no aprende a sentirse amado tampoco aprende a amar.**

66 Ibidem. Biblia de Jerusalén. (1era. Cor. 13, 7-8).

El famoso psicólogo Erich Fromm, en su libro "El Arte de Amar[67]", habla de una diferencia entre enamoramiento y amor. Nos enamoramos cuando conocemos a alguien por quien nos sentimos atraídos y dejamos caer frente a él o ella las barreras que nos separan de los demás. Cuando compartimos con esa persona nuestros sentimientos y pensamientos más íntimos, tenemos la sensación de que, por fin, hicimos una verdadera conexión con alguien. Nos sentimos felices y andamos todo el día de buen humor y atontados. Cuando estamos enamorados nos parece que nuestra pareja es perfecta y la persona más maravillosa del mundo.

Cuando se llega a cierto grado de madurez podemos claramente diferenciar entre enamoramiento y el amor. Empezamos a amar cuando dejamos de estar enamorados. ¿Qué? Así es. El amor requiere conocer a la otra persona, requiere tiempo, requiere reconocer los defectos del ser amado, requiere ver lo bueno y lo malo de la relación.

No quiere decir que enamorarse no es bueno, al contrario, es maravilloso. Muchas personas son adictas a estar enamoradas. Terminan sus relaciones cuando la magia de haber conocido a alguien nuevo desaparece; cuando empiezan a ver defectos en la otra persona y a darse cuenta de que no es tan perfecta como pensaban. Esas son las personas que casi nunca alcanzan ese grado de madurez.

Recuerdo que una vez atendí un joven adulto (en los 40s), que ilustra muy bien esta posición de ser adicto a estar enamorado. Quien en los últimos años había tenido varias parejas y aunque anhelaba una relación estable, él afirmaba que no tenía sentido continuar conviviendo con alguien de quien ya no se sentía "enamorado". Para justificar su situación, comparaba a las mujeres con un carro nuevo y decía que las mujeres se parecen mucho a los carros que cuando están nuevos brindan una serie de "bondades", que van desapareciendo conforme van envejeciendo y defendía que, así como él cambiaba de carro cada vez que lo ameritaba, del mismo modo ocurría con

67 Fromm, Erick (2000), El arte de amar. Editorial Paidós. México (Edición 2000).

sus relaciones de pareja. Comentaba que cuando él sentía que se iba acabando el amor, tenía que conseguirse una nueva pareja para recuperar esa sensación de sentirse enamorado.

Recuerdo que en una de las sesiones le pregunté por la diferencia de 'estar o sentirse enamorado y el amor verdadero'. A lo cual respondió que todavía no había conocido ese tipo de amor.

Las 4 etapas del amor de pareja

En mi explicación "teórica" le hablé sobre las 4 etapas del amor de pareja que generalmente comienzan con la **1era. etapa de la atracción y el enamoramiento**, esto se da cuando esa atracción es correspondida, según la describe el Psicólogo García-Allen[68] la cual hace que nos sintamos más ilusionados y deseosos de ver a la otra persona. Donde sobresalen los sentimientos y las emociones de los amantes. Esto explica la euforia y los cambios en nuestro estado de ánimo que nos hace ver todas las cosas, color de rosa. Muchos se quieren quedar embelesados en esta etapa y se resisten a cualquier cambio.

No sabiendo que el amor para que se convierta en algo más auténtico necesita evolucionar y superar esta primera etapa que tiene que ver más con hormonas, neurotransmisores, sentimientos y emociones. En la cual el cerebro genera una gran cantidad de dopamina y serotonina que nos hace sentirnos excitados y llenos de energía. Y así le fui explicando a mi modo las distintas etapas del amor[69]:

Luego del enamoramiento se pasa a una **2da. etapa, la llamada: "amor romántico"**, que consiste en un proceso de ir construyendo una mayor confianza en el otro, lo cual supone un crecimiento en la relación de pareja y un fortalecimiento de los lazos afectivos. Una

68 https://psicologiaymente.com/neurociencias/quimica-del-amor-droga-potente

69 https://www.psicologia-online.com/las-5-etapas-del-amor-y-su-duracion-4907.html

vez que se superan las naturales crisis que surgen en esta etapa de la relación, se da paso a un amor más maduro.

La 3era. etapa es el "amor adulto" en donde ya se va construyendo un compromiso y una lealtad.

Si se superan las primeras dos etapas, la pareja busca consolidar su amor en uno más maduro, que se caracteriza por la construcción de un compromiso real y leal. En esta etapa se construye una confianza más profunda, en la que se toman decisiones más racionales. Es decir, se produce una valoración más profunda de la otra persona y existe una unión más sólida que predomina sobre los sentimientos y las emociones del comienzo de la relación.

La 4ta. Etapa es el amor verdadero.

Cimentados en el amor adulto, casi como un fruto brota el amor verdadero entre dos personas maduras, este amor ya no es solo sentimiento y emoción, sino que es de 'ojos abiertos", deja de ser ciego. La principal característica de esta etapa, es que cuando amas a alguien puedes ver sus defectos, sus fallas y quieres ayudarle a superarlas. Al mismo tiempo, esa persona ve tus propios defectos y los entiende y ambos se convierten en la ayuda idónea del uno para con el otro. El amor no se trata de sumar carencias porque éstas restan, sino de sumar fortalezas porque éstas multiplican y hacen crecer aún más el verdadero amor.

Hoy le diría al señor de las cuatro décadas, que no es cuestión sólo de sentirse enamorado, sino que en la relación de pareja hace falta hacer que el amor inicial que sentimos por una persona evolucione y madure hasta llegar a un amor genuino que esté basado en la realidad. No es cuestión de realizar el sueño de encontrar a un príncipe azul o a una princesa encantada. Es encontrarse a una persona maravillosa, que no es perfecta, a sabiendas que tú tampoco lo eres. Amar es poner en una balanza lo bueno y lo malo de esa persona, y después, ser capaz de amarla. El amor verdadero es aquel amor que es recíproco.

El amor es una decisión consciente. El amor nace del conocimiento, no se ama lo que no se conoce, se nutre del compartir, del dar y recibir, de intereses mutuos, de sueños compartidos. El amor auténtico no se da con alguien que no te ama, que no te corresponde o que no se interesa en ti. El amor verdadero es recíproco, es un amor de donación, aquel es capaz de olvidarse de sí, para entregarse y procurar hacer feliz al otro. Y va creciendo en autenticidad en la medida en que cada una de las personas busca hacer feliz al otro, en esa búsqueda mutua por hacer feliz al cónyuge, ambos encuentran la verdadera felicidad.

Voy a terminar esta reflexión sobre el amor humano o amor de pareja con una historia que solía contar cuando presidía una boda:

> "Una pareja de jóvenes que acostumbraba buscar sus arrullos a la sombra de un hermoso jardín, fueron a pedir consejo al jardinero por considerarlo una persona buena y sabia, cuando lo encontraron le dijeron: Muy pronto vamos a unir nuestras vidas en matrimonio, y hemos visto que eres un experto en cultivar este jardín, te agradeceríamos que nos dijeses cómo debemos cuidar nuestro amor para que no se marchite con el tiempo.
>
> Se necesita más juicio para recibir un consejo que para darlo —respondió el jardinero con una sonrisa—, pero, ya que me piden un consejo, les diré lo que la vida tuvo a bien mostrarme, a veces con golpes duros, a veces con una caricia.
>
> Luego de invitarles a sentarse en el césped les dijo: -Vean que su amor no sea como el de las parásitas con el roble, que hunden las raíces en su tronco para chupar su savia y su fuerza. Que no sea como el de la zarza con el retoño de un lirio, que crece y lo envuelve hasta asfixiarlo entre sus espinas.
>
> Busquen, más bien, que su amor sea como el de los árboles. Cada uno abrazando la tierra con sus propias raíces,

elevándose al sol de la mañana con los brazos extendidos al cielo, dando gracias por cada nuevo amanecer.

Y tengan cuidado en asentar sus raíces a suficiente distancia, no sea que la fuerza de las ramas de uno haga huir a las ramas del otro torciendo su tronco e impidiéndole buscar las nubes.

Velen, pues, por mantener en cada momento la distancia justa, para que la tierra humedezca sobradamente sus raíces y el viento pueda limpiar de hojas secas sus ramas. Para que puedan tener una copa amplia y robusta que dé sombra al caminante y nido a los pájaros del cielo'

Y así, cuando crezcan y hayan esparcido sus semillas al viento, las puntas de sus ramas se tocarán en las alturas, para que bailen con regocijo al son de la Danza de la Vida".

El verdadero amor de pareja es aquel donde ambos se convierten en testigos del amor de Dios en sus vidas: mutuamente se ayudan a poner paz en las contiendas, amabilidad en las disputas, cordialidad en las relaciones, lealtad en los compromisos, alegría en los momentos bajos, gozo en la vida y vida en la de su cónyuge.

Mi historia de amor humano

Mi historia de amor ha sido una muy singular por no llamarle "especial" y cuando recuerdo todo el tiempo que ha transcurrido, me transporto a los comienzos de esta relación especial que comenzó con una buena amistad. Dicen que el amor te encuentra cuando estás listo, no cuando estás solo. Creo que este postulado tiene mucho de cierto porque en mi experiencia en el mundo de la ayuda he podido confirmar que las personas cuando se sienten asfixiadas o desesperadas por tener una relación de pareja se empatan con el primero que le cuenta sus penas o le "calienta" el oído y al poco tiempo descubren que dos carencias restan, lo contrario a lo que deseaban. Lo opuesto sería descubrir en el otro sus fortalezas, porque estas suman, en lugar de restar.

Todavía recuerdo las advertencias que nos hacían en el seminario acerca del cuidado que debíamos tener a la hora de relacionarnos con las féminas, por eso, cuando se me presentaron algunas situaciones las pude manejar de acuerdo al entrenamiento recibido y las múltiples recomendaciones escuchadas.

Durante los últimos años en el ejercicio del ministerio sufrí los acosos amorosos de dos feligreses casadas, así como de una ex-alumna de la universidad y de otra ex-religiosa que se obsesionaron con mi persona y de alguna manera me hacían sentir como si alguien te quisiera retener, acaparar, en una palabra: "atrapar", tuve que soportar el acoso afectivo, emocional y hasta electrónico, las constantes misivas y hasta las declaraciones de amor en mi propia oficina, teniendo que renunciar a prestarles mis servicios ministeriales o profesionales. Sin embargo, nunca me sentí atraído hacia ninguna de ellas por lo que hasta ese momento no se me hizo difícil renunciar a una "relación exclusiva" con cualquiera de ellas.

Para ilustrar esta situación, puedo mencionar que en febrero del 2012 recibí un email en la cuenta oficial del Santuario donde una de esas mujeres me escribió:

> *"No quiero faltarte el respeto, pero tengo que ser sincera contigo, porque sé que eres un hombre maduro y entiendes muy bien esto. Yo te he amado hasta romper los límites de mis convicciones, hasta desgarrar mi corazón, te he sentido tan real, que no puedo imaginarme tenerte de frente, pues no podría contenerme. Te he amado en silencio, he llorado por ti como jamás hubiese llorado antes. Te he pensado en mi intimidad, hacién-*

dote mío. Daría todo porque te quedaras conmigo, como dice la canción, pero si es unilateral, al menos deseo que tú lo sepas"[70].

Recuerdo que lo consulté con el Obispo, quien me recomendó no contestarle para no crear falsas expectativas o que pudiera malinterpretar cualquier cosa que le dijera.

Pero la maestra vida se encarga de ponerlo en circunstancias diferentes, la de vivir eso que decía Pascal: "el corazón tiene razones que la propia razón no entiende", cuando estás enfrascado en tus quehaceres de la vida diaria, como son tus propias responsabilidades, atendiendo los "ajoros" de la vida pastoral, de repente aparece "alguien" que al principio te parece especial, pero no amenazante para tu ministerio, todo lo contrario, una persona muy colaboradora y dispuesta a ayudar en todo lo que humana y espiritualmente le fuese posible.

Por eso hoy puedo afirmar con certeza que el amor te encuentra porque las personas que se vuelven relevantes en tu vida no se buscan, la vida te las presenta; generalmente cuando no estás buscando, esto lo digo por varias razones y la más obvia fue que conocí a esa persona "especial" en una etapa de mucha serenidad. Lo paradójico fue que esto ocurrió cuando estaba en una etapa muy fecunda de mi ministerio, en la cual me sentía un presbítero equilibrado. Sin embargo, el tener un ministerio fecundo nunca fue un impedimento para ser consciente de que había áreas de "incomplitud" que iban más allá del ministerio que estaba desarrollando.

En mi caso particular, al principio no lo quería aceptar y sólo lo racionalizaba diciendo: "las mujeres se enamoran de los curas porque los idealizan" o en este caso específico me decía a mí mismo: "esa joven es muy especial, pero es muy joven e inmadura". O me daba cualquier otra buena razón que me ayudara a mantener el compromiso celibatario.

---

70 Para guardar la confidencialidad, prefiero no revelar nombre para no herir sensibilidades.

Siempre he creído que todo en la vida empieza pequeñito, hasta la vida de un gran ser humano en un principio no es más que un pequeño ser como el tamaño de la punta de un alfiler que se empieza a desarrollar en un vientre materno. Así es, también, el amor verdadero, primero aparece casi sin ser percibido, hasta cierto punto desinteresado cuando es auténtico, luego se torna servicial, detallista, poco a poco va ocupando un lugar y cuando menos lo piensas ha ido creciendo a tal grado que ya reclama un espacio como la criatura lo hace en el vientre de la madre, pide respuestas y llega el momento natural que exige la correspondencia debida.

Así apareció ella, con el "descaro" que da la juventud, con la frescura de una joven generosa, llena de proyectos y sueños por cumplir. Primero muy dispuesta a colaborar con todo lo que hiciera falta, con enormes deseos de servir y hacer la diferencia, eso le llevó a realizar veranos misioneros en uno de los barrios más marginados y peligrosos de la capital de El Salvador, pero para ella fue como una aventura llena de retos e historias de liberación, inspirada por Mons. Romero (hoy reconocido como mártir y santo). Luego participó como catequista de su parroquia y fue creciendo en todos los ámbitos convirtiéndose en una servidora fiel a la Iglesia hasta que se marchó a la escuela de Medicina.

El contacto se volvió esporádico y electrónico. Ayudó mucho el tiempo y la distancia, el hecho de que se mudara al estado de Ohio a cursar la carrera de medicina (8) años incluyendo el internado y la residencia. Ocho años que pasaron volando, fue un tiempo razonable para que se diera un proceso de maduración completo en todos los órdenes, no solo académico sino también a nivel humano y espiritual. Fue el tiempo apropiado para que aquella amistad fuera madurando y transformándose poco a poco en una relación más cercana y significativa, a tal grado que ocurrió casi sin darme cuenta, paulatinamente se volvió relevante en mi vida, transformándose en mi amiga y confidente.

Algunas veces hemos hablado de esto y nos hemos preguntado: ¿Qué nos pasó? La respuesta no es simple, a pesar de los pesares, de las distancias, de las separaciones algunas planificadas para que esa "nube" pasara, no fue así, cada día que pasaba era como si el amor se acrecentara. Se tornó en un asunto relevante, primero muy ingenuamente y luego muy lentamente se hizo consciente de parte de ambos. Por eso cuando tomamos conciencia de lo que nos estaba pasando decidimos poner tiempo y espacio de por medio. Acordamos un distanciamiento en la comunicación para que cada uno encontrara su propio destino, o mejor dicho ella conociera a alguien que ganara toda su atención, pero esto no sucedió, al contrario, conforme fue pasando el tiempo hubo más comunicación y una vez pasado el tiempo razonable, la vida nos volvió a unir.

Han pasado los años y lo que parecía una quimera se transformó en una realidad, fueron varios años de "ausencia y presencia". Para cualquier relación hubiese sido un tiempo suficiente para olvidarse y hacer vidas "separadas", pero cuando hay amor auténtico no hay tiempo, ni distancias, no hay barreras ni siquiera "las de índole religioso" que puedan impedir que dos seres que se aman intensamente se puedan separar.

Cuando hago una mirada retrospectiva, ahora puedo redescubrir que casi desde los primeros años que la conocí, aquella joven mostró un interés especial por mi persona, pero preferí ignorarlo y recuerdo que lo justificaba de otra manera, es una joven servicial, buena, cariñosa, tal vez demasiado cariñosa, pero nada más.

Recuerdo un email que varios años después ella me envió:

> *"Al principio solo sentía ese amor intenso, auténtico, único que estaba brotando de mi corazón... sin ninguna intención secundaria, sin ningún beneficio anticipado o tan siquiera sin interés de reciprocidad sólo quería expresar ese amor que se desbordaba en mí para ti...*

En esos momentos solo te amaba... sentía que el amor de Dios se desbordaba en mí para ti. Para nada pensaba, o imaginaba mi interés, o mi sexualidad en ese momento. O las consecuencias de amar desde lo profundo del corazón. Creo que si hubiese sabido, o imaginado, o pensado... jamás me hubiese atrevido o hubiese podido acercarme".

Lo que al inicio no quise aceptar era que también me sentía atraído por ella. Sin embargo, los años fueron pasando y aquella "joven" fue madurando, luego se hizo catequista en su parroquia, solo venía esporádicamente al Santuario. Luego se graduó con honores de la Universidad (hasta hicimos un proyecto de investigación juntos que nos acercó más y que terminó en un libro), se marchó fuera de la Isla porque entró a la escuela de Medicina a USA y ocho (8) años después se graduó.

Por algún tiempo pensé ingenuamente que el tiempo y la distancia iban a terminar de disipar aquella "amistad especial" como generalmente suele suceder. Sin embargo, la amistad continuó a través de aquellos años, durante los cuales fue evolucionando, creciendo y madurando al grado de que al finalizar su carrera llegó a convertirse en una relación de algo más que una amistad.

Recuerdo aquel revelador mensaje que me envió a finales del 2016, cuando ella iba en un avión hacia Perú a hacer una experiencia misionera con un grupo de médicos y estudiantes de medicina. Ella me compartió por email una reflexión que había escrito:

"Mi apreciado Giovanni, ahora solo recuerdo ese amor intenso, auténtico, único que ha ido brotando en mi corazón... sin ninguna intención secundaria, sin ningún beneficio anticipado o tan siquiera sin interés de reciprocidad solo quería expresar ese amor que se desbordaba en mí para ti ...

Cómo no recordar aquella primera semana santa que serví en el Santuario, al finalizar uno de los servidores me dio unas llaves para que te las entregara. Recuerdo en ese momento ibas subiendo al piso superior de la casa y antes de abrir la puerta para subir las escaleras. Recuerdo que tenías tu camisa negra clerical. Recuerdo al entregarte las llaves, tomar tu mano derecha, inclinarme un poco y dar un beso de puro amor en tu mano. De forma un poco borrosa recuerdo tu reacción, creo que estabas en un shock con una sonrisa, y con un semblante de santo.

- Yo sentí que me complacía en decirte: "solo quería agradecer por todo lo que has hecho por nosotros en esta semana intensa. Y cómo acercas a otros a Dios" pero sin palabras, sólo con un fuerte abrazo.

En esos momentos solo te amaba... sentía que el amor de Dios se desbordaba en mí para ti. Para nada pensaba, o imaginaba mi interés, o mi sexualidad en ese momento. O las consecuencias de amarte desde lo más profundo del corazón. Creo que si hubiese sabido, o imaginado, o pensado... jamás me hubiese atrevido o hubiese podido...

En ocasiones a veces siento que peco por amarte. Siento una responsabilidad abrumadora, un tanto negativa. Porque a mí me gusta hacer lo mejor que puedo siempre... y el sólo pensar que mi amor te puede hacer daño, me siento abrumada, me siento culpable siento que tengo que racionalizar, buscar encontrar qué hacer para asegurar el éxito y tu felicidad...

En nuestra amistad siento que en ocasiones he sentido temores o miedos que amenazan este amor que te tengo. En el inicio de nuestra amistad tenía el temor de amarte, o el decir no, a este amor. Pero nunca podía tener paz al intentar tomar esa decisión.

Luego siento que ha sido tratar de planificar la vida como si yo pudiese hacer una cosa u otra ... no necesariamente respetando o considerando tu libertad o la voluntad de Dios en tu vida. Pienso que el hecho que no continúes en el sacerdocio de la forma en que lo conocemos, eso no te reduce, no cambia tu identidad, aunque tengo mis dudas. Creo que tengo que mantenerme y esforzarme para confiar en Dios. Siendo El quien ha dirigido y dirige tu vida, quien dirige nuestras Vidas. Siento que el amarte plenamente es valorarte, apoyarte, amarte y seguir continuando el Plan de Dios en tu vida a plenitud".

Al principio, con todo el adiestramiento que tenía como sacerdote, no era difícil aceptar que algunas mujeres se enamoran de los sacerdotes y que es una realidad con la cual cada uno tiene que vivir y saber trabajar ya que no ocurre una, sino que pueden ser varias veces como de hecho lo viví.

Sin embargo, la parte más difícil es aceptar que una de esas mujeres que se enamora de ti, tú también te enamores de ella. Al principio rechazas racionalmente de plano tal posibilidad y todas las emociones y sentimientos que llegan acompañados de esta situación. Para eso te han mentalizado y preparado. Te revistes de esa fortaleza que te han adoctrinado y no importa romper el corazón de la otra persona (aunque se te rompa el tuyo por dentro), por lo general terminas rechazando esos sentimientos como lo hice ante las reiteradas muestras de amor que ella me enviaba. Un buen día me hizo una petición directa:

"*Te agradeceré con toda el alma que me contestes este email*", ese día con gran dolor en mi alma le dije: "con mil amores quisiera decirte las cosas que quieres oír... pero me conoces bien sabes que siempre he tratado de ser honesto contigo hasta con aquellas cosas que no me favorecen". Luego proseguí:

"Por eso comparto contigo mis reflexiones de estos días, a la luz de la palabra revelada, al igual que tú lo has hecho para conmigo y te lo agradezco mucho. Sabes que desde hace varios días he intensificado la oración con el fin de conocer lo que Dios quiere de nuestras vidas y así descubrir su voluntad... igual que tú lo hiciste el domingo pasado, todavía resuenan en mi mente y en mi corazón la Palabra de Dios que parecía estarme

hablando a mí acerca de la renuncia cristiana: "el que pierda su vida por mí la ganará", porque para seguir a Cristo hay que perder la vida, hay que renunciar a todo lo que pareciera que es la vida, todo lo que el mundo nos presenta como si fuera lo más importante: riqueza, poder, placer, lujos, comodidades superfluas, materialismo, etc. pero Jesús nos pide que hay que renunciar para ganar la VIDA. Así entiendo el amor divino que Jesús nos quiso enseñar y con él lo de las renuncias hay que hacerse ofrenda, darse, donarse, entregarse por amor, renunciar por amor.

La única forma que mi renuncia a tu amor pueda ser entendida es bajo la perspectiva de una renuncia por amor, aunque suene contradictoria. Hoy me dices que una vez más te sentiste herida por mis palabras en la última conversación telefónica que tuvimos, créame que no lo hice con la más mínima intención de herirte, todo lo contrario; sólo expresaba mis sentimientos con la finalidad de que me entendieras. Sé que no es fácil entender este tipo de renuncia porque es paradójica, parece tener una contradicción aparente, pero en la realidad no hay tal contradicción, porque requiere desprenderse de sí mismo, renunciar a aquello que uno ama"...

Luego le escribía: —Igual debe ser con el amor humano cuando digo renunciar por amor no me estoy cerrando al amor. Lo que pasa es que a veces se llega a la conclusión de que no es posible darle paso a este "amor que dices que hay en nuestras vidas". A veces la única forma de continuar en paz es renunciar a lo que deseamos con todas nuestras fuerzas. Y con esto "no es que no quiera saber de ti", como me dices porque sabes que te aprecio mucho. Cuando hay motivos de fuerza mayor, es como si sintiera que si siguiéramos con esto nos podríamos hacer daño, podríamos correr el peligro de destruir todo el amor que tenemos, toda la posibilidad de que exista una sana relación en el futuro. Y no quisiera que esto pasara, porque te seguiré apreciando igual, aunque no estemos juntos. Yo sé que es difícil entender la idea de renunciar al amor por amor, pero es el único camino viable que veo por ahora"...

Recuerdo recibir varios mensajes posteriores a los cuales no contesté porque no quería seguir albergando falsas esperanzas, incluso lo consulté con mi director espiritual, quien aplaudió mi decisión de cortar por lo sano con aquella relación argumentando siempre la postura tradicional de que eso Dios te lo recompensará con muchos hijos espirituales.

Sin embargo, con el pasar de los días, los meses y los años, un enorme dolor se fue enquistando en mi corazón que me provocaba amargura e infelicidad. Volví a abrir mi correo electrónico y me encontraba con todos aquellos "emails" que había recibido y que una parte de mí se negaba a borrarlos, algunos hasta con cierto candor decía:

> *"Mi corazón se fue de aliado contigo sin yo permitirle, solo he aceptado lo que él quiere que es amarte. A veces me enoja porque tanto te amo desde lo profundo de mi ser, que el corazón le exige fidelidad a la mente. Y el cuerpo, eso ni que decir, está totalmente dominado por el corazón aprisionándolo y conservándolo como un tesoro para reservarlo para esa persona amada".*

Otro día me escribió un poema:

> *Dios es Amor .... me encanta eso que dice Juan, con tanta profundidad a pesar de mi limitada comprensión sé que va por el camino de la verdad.*
>
> *Eres ese ser al que le ruego a Dios, pueda amar y demostrarle mi amor por el resto de mi vida. Aunque es de preocupar como será, no me preocupa tanto como el hecho de que sea.*

Quiero darte mi amor siempre tenerte en el lugar especial que habitas también. Porque nuestra amistad es de los mayores tesoros recibidos, Y al reconocerlo puedo sentir como mi ser se eleva a dar gracias a Dios.

El milagro mayor es que nuestro cariño es mutuo, y El Señor se goza de nuestro amor. Porque él nos comprende y yo creo que vivir este amor tan profundo contigo, tan capaz de profundizar aún más, es la clave para vivir en santidad, para servir a los demás y que al final nos llevara a la eternidad.

Tiempo después y con un poco más de madurez me escribía:

He madurado, he crecido, en estos años... y este amor ha ido profundizando aún más... también he pensado en los retos que supone amarnos como somos...

Te cuento que aquí yo te sigo esperando... como el amor de mi vida, mi compañero de camino, la razón de muchas de mis alegrías. Los momentos difíciles, los retos, para mí son pajillas en el camino que es solo soplarlas o a veces un poquito más que eso, pero es simplemente sacarlas del medio de nosotros. Porque para mí, tú eres el ser más importante. Y recientemente el tiempo me ha limitado, el trabajo me ha condicionado el tiempo para escribirte y tratar de asomarte a mi alma... a mi corazón... a lo más íntimo de mí. Sigues siendo y serás ese ser profundamente amado, ese tesoro que un día encontré y desde que lo encontré he querido venderlo todo para tenerlo. Eclesiástico 6:14 "Un amigo fiel es un refugio seguro: el que lo encuentra ha encontrado un tesoro."

Otro día escribió: "Mi querido Giovanni, estás intrínsecamente unido a los latidos de mi corazón, a mi gozo por la vida, el entendimiento de la razón de mi existencia en este universo y sabes que tengo sed, sed de continuar creciendo juntos, sed de amarnos a profundidad sin limitaciones, sed de crecer en santidad y unirnos de una forma que sea más fuerte que la muerte. Da miedo muchas veces, al enfrentar nuestra mortalidad, nuestro tiempo limitado en esta tierra, sin duda me da miedo; una de las razones mayores de mis temores y sufrimientos las he vivido en las rotaciones de cuidado paliativo. Ahora lo sé, porque el amor como lo conocemos en esta humanidad que disfrutamos tiene un límite. Ambos hemos experimentado más que lo pasajero de este mundo, de esta vida. Pero sin duda que para mí es fuerte saber y reconocer que no lo sé todo y que no es el culmen del proyecto de nuestras vidas estar juntos; es solo el inicio, es solo parte del proceso de un camino y un trayecto que va más allá; que es más largo y que ambos ignoramos.... probablemente yo más que tú... pero quiero descubrirlo contigo.

En un momento en que ella requería respuestas inmediatas le pedí que me diera un tiempo para reflexionar sobre una decisión tan significativa y le dije que si era la voluntad de Dios que estuviéramos juntos, este sería un tiempo de crecimiento para los dos. Luego de una profunda reflexión me escribió este mensaje:

"Aquí estoy para ti... aquí está mi amor para ti... Eres parte de esas certezas entrañables que el Señor me ha dado.... Y sé que este tiempo de preparación del que muchas veces me he quejado es para capacitarme y capacitarnos a valorar la bendición que sería tener cerca a un ser humano tan especial. Tu eres amado por Dios. Con un amor único y exclusivo...bueno, no dudo que Dios ama a cada uno de su creación de forma especial y única; pero sin embargo contigo tengo la capacidad de verlo con claridad y estos años de la escuela de medicina y la residencia me han permitido verlo más claro... ha habido momentos en que te he dado por sentado, o he pensado en tenerte conmigo y esos han sido los momentos para hacer un alto. para reflexionar y ver que así no es que uno vive en una verdadera relación... podrá parecerse a la mayoría de las personas o como algunas personas llevan su relación de pareja... pero sin embargo yo he aprendido que para estar juntos tendremos que mante-

nernos con la conciencia del tesoro que Dios nos ha regalado y que está a nuestro lado....

Gio eres gracioso, amable, tierno, cariñoso, humilde, consciente del dinero, un hombre sumamente responsable y espiritual... de un buen cuerpo y atractivo físico que es sobrepasado por tu belleza espiritual y lo agradable que es estar en tu presencia, eres un hombre que refleja el amor de Dios... con tus limitaciones y defectos.... Como todos, pero eres maravilloso... .es un gozo para mi amarte y mostrarte mi amor siempre... de todas las formas que puedo".

Ya casi terminando la residencia de medicina de familia, un día me envió un e-mail en el que me decía:

"Hace días que tenía muchas ganas de escribirte, primero te escribí, pero no te lo envié, quería decirte que te amo, que te espero, que tengo fe que pronto estaremos juntos. Pero luego sentí que con eso de alguna forma estaría presionándote y no dándote el espacio que necesitas para reflexionar y decidir. Pienso que nosotros seremos felices juntos. Estoy consciente que nuestra relación para algunos pudiera ser escandalizante, pero es hermosa... Creo que me conoces más de lo que yo quisiera, conoces lo bueno, lo malo, pero yo creo que el amor lo supera todo.

Creo que también te conozco lo suficiente... últimamente hemos hablado más, y a pesar de esa vida consagrada que has vivido, yo siento que mi alma y mi corazón ya te amaban y las siento y las he vivido profundamente... No sé si entiendas eso, pero es que te amo... eres fácil de amar.. has llevado una vida muy honorable y entregada al servicio, eres humilde y a la vez no tienes ningún problema con tu autoestima.

Eres el amor de mi vida... quiero que sepas que no necesito, un compromiso oficial, una ceremonia religiosa, o civil... no necesito nada para hacerle ver a los demás que en mi corazón tú estás grabado. estas grabado con la misma tinta que Dios ha puesto su palabra en mi corazón... está escrito con la misma tinta que tiene escrito el propósito de mi vida... ese propósito el cual a veces entiendo y puedo articular... y a veces no entiendo y siento que no tengo los anteojos puestos para descifrar... Tú estás grabado en mi ser, en mi alma, en mi corazón de una forma que nadie lo es.

El tiempo dirá la última palabra, te espero confiada, nuestras conversaciones han hecho que sienta que cada vez nuestra relación sea más cercana y profunda. Aquí estoy esperándote para amarte hasta que la muerte nos una más...y podamos gozar en intimidad eterna e infinita. Nuestro amor y nuestra química sobrepasan edades, atracciones físicas, intelectuales, y emocionales... nuestro amor va a un nivel espiritual del cual me siento muy afortunada de que nos hayamos cruzado en el camino".

Ante estas manifestaciones de amor incondicional, no queda más que una respuesta final en la que le manifesté que ese amor era recíproco, pero para poder corresponder al mismo necesitaba resolver unos asuntos pendientes, como era dejar el ministerio (no quería llevar una doble vida) y comunicárselo a mi familia (no deseaba excluir a los seres amados más significativos de esta decisión).

El reencuentro con la familia (un amor incondicional)

Después de 30 años de vida al servicio a los demás, llega el momento de enfrentar la realidad, a la parte final de la toma de decisiones, recuerdo como ahora aquel día que regresaba a la casa de mis padres, con la convicción de que aquella no iba a ser una visita más, sino la más especial de todas las visitas que había hecho a mi terruño; porque en las anteriores siempre estaba la alegría del encuentro con tus seres queridos, el regreso a "casa" como suelo decir, al mejor de todos los hoteles "el hotel-mamá".

A mi querida Cuipi, ese pequeño rincón del universo donde el tiempo parece detenerse y las horas transcurren lentamente, uno de esos lugares que parecen sacados de un cuento de Quiroga, detenido en el tiempo, puedes regresar 25 años después y te encuentras las mismas casitas hasta pintadas del mismo color, lugar de paz y tranquilidad, un puñado de familias lugareñas labriegas y sencillas que viven armonizadas al ambiente del lugar. Casi siempre el motivo de mi visita era encontrarme con mis "queridos viejos" (Papá y Mamá), con mis hermano/as y con la familia extendida. Pero como decía más arriba esta no es una visita más, sino una diferente llena de significados muy profundos porque servirá para marcar un punto de inflexión en mi vida.

Casi siempre ellos esperan al hijo; los sobrinos: al tío cura que los visita y casi siempre les trae un "detallito" a cada uno de los más pequeños; y aunque los "detallitos" me acompañan, también me acompañan un cúmulo de emociones encontradas que se agolpaban en mi pecho y que no sabía a ciencia cierta cómo iba a ser recibidas por cada uno de ellos.

Siendo sincero, llevaba en mi corazón ciertas reservas con algunos miembros de mi familia que son más conservadores porque hay verdades que asustan y causan incertidumbre. No por el contenido de ellas sino por cómo van a ser recibidas e interpretadas, entre esas verdades está una de las más difíciles.... Comunicarles mi decisión de dejar el ministerio y abrazar otro estilo de vida.

Me tomó algún tiempo poder externalizar aquello que quería expresar: Cómo decirle a mi madre que iba a dejar el Ministerio, cómo decirle a mi hermana mayor que es ministra extraordinaria de la Comunión que en adelante ya no va a poder contar conmigo para las celebraciones eucarísticas cada vez que regrese a casa de mis padres, cómo decirle a alguno de mis hermanos que su hermano "va a colgar los hábitos" porque ha encontrado el complemento que le hace más plena su vida.

En el camino de regreso a casa, también llegué a la conclusión de que la explicación es sencilla, lo complicado es el cómo abordar el tema con cada uno de ellos, porque cada uno se ha hecho sus propias expectativas, recuerdo hace tan sólo un par de años atrás cuando pedí un año sabático y hablando del proyecto con uno de mis hermanos me dijo: "yo esperaba que un día regresaras a nuestro pequeño rincón de Cuipi como un sacerdote mayor y te hicieras cargo de la casa de nuestros "viejos" que seguramente ya no estarán, pero tú estarás para recibir a todo aquel miembro de la familia que decida visitar la vieja casa de la familia".

Mi querido hermano no consideró las implicaciones que eso conlleva, siempre he pensado que el día que falten mis padres, ya no tendrá el mismo sentido regresar a mi pequeño lugar, a visitar a quién, si… si… me dirán "ahí todavía viven algunos de tus hermanos y hermanas", algunos de tus sobrinos/as", pero cada uno sumergido en su propio mundo con sus propios quehaceres y si ahora paso la mayor parte del tiempo acompañando a los viejos seguramente alguno llegará de visita y se irá a sus respectivas familias. Así de dura y cruda es la realidad.

Durante los últimos años he vivido con la convicción de ser un buen sacerdote, si es posible ejemplar para todos aquellos que voy encontrando a mi paso, especialmente para los niños y jóvenes (pienso en los servidores del altar) que ven en el ministro ordenado un modelo a seguir y creo que lo he logrado con sus más y sus menos.

He orado y reflexionado mucho sobre estos complicados asuntos, me he preguntado cómo se llega a este crucial momento en tu vida. Aunque no tengo una sola respuesta, creo que algunas veces se llega aquí sin quererlo ni buscarlo, simplemente llega alguien en un determinado momento a tu vida para hacerla más plena. Me he preguntado si algo lo puede impedir y me quedo sin respuestas porque por más que seguí las recomendaciones de los directores espirituales:

balance en la vida de oración y acción, hacer ejercicio frecuentemente, seguir los sabios consejos de los mayores, a veces las circunstancias de la vida cambian repentinamente y te llevan por otro derrotero.

Por eso digo y repito que llegó el momento de enfrentar la realidad: no darle más largas al asunto, es el momento de hacerlo sin escandalizar a nadie (siempre me he cuidado de este asunto tan relevante), porque pienso que uno no tiene derecho a escandalizar a nadie, menos de ser piedra de tropiezo para aquellas almas buenas que buscan en el líder religioso algo que les acerque a Dios y no algo que les aleje de Él. Pero ¡cómo el amor puede alejar, si Dios es amor!

Tal vez la clave está en el cómo hacerlo sin culpas ni escándalos, cómo hacerlo con naturalidad, y así poder compartir con los tuyos un asunto tan significativo que la mayor parte de las veces en las que se ha querido abordar el tema sin ambages, se torna en una especie de "taco o nudo que se forma en tu garganta".

Después de mucha preparación psicológica y espiritual, decidí que debía comenzar con mis seres queridos, los más cercanos, aquellos que son los más significativos para mí, aquellos con los que tienes el pleno convencimiento de que te aman incondicionalmente y presupones que te apoyarán en cualquier decisión que tomes. Luego están todos los demás, sabía que al principio tenía que ser muy prudente y tener mucho tacto a la hora de compartir esta información como algún día me dijo mi mentor: esa información personal y delicada al principio "sólo la debes compartir con aquellos que consideres tu grupo de apoyo".

Cómo decirle a esas personas tan queridas y amadas que "el próximo mes de agosto voy a dejar el Ministerio presbiteral para mudarme a un nuevo lugar, un nuevo país, para comenzar una nueva etapa junto al amor de mi vida, al lado de la mujer que amo con devoción y que, según ella, también me ama inmensamente". Además, decirles que planificaba hacer las cosas lo mejor posible, consciente que iba a ser difícil formar una pareja tradicional porque las normas religiosas así lo dictan, más aún, si deseas formar una familia con ella, de acuerdo con las leyes humanas y divinas.

Durante la conversación con mi amiga Brenda, ella hizo un largo silencio para escucharme y al hacer referencia a estas importantes decisiones que tenían que ver con mis familiares más cercanos, ella intervino para preguntarme: ¿Cómo te fue? ¿Cómo fue recibida la noticia por parte de tus seres queridos?

A lo que respondí: -Esos son otros "veinte pesos"" como dice el viejo dicho popular. -Pues te diré que no fue fácil. La mayoría con mucha apertura y hasta con cierta alegría. Unos pocos con un signo de interrogante y algunos cuestionamientos: ¿Si lo has pensado bien? ¿Si estás haciendo lo correcto? ¿Qué va a pensar la gente? ¿Qué decirles a las personas que preguntan por ti? ¿Qué dónde estás? ¿Qué estás haciendo? etc. preguntas normales y casi lógicas, pero cuando vienen de los tuyos (familiares más cercanos) parecen ser más difíciles de contestar. Mi respuesta fue siempre la misma, hay que contestar con mucha naturalidad y con la verdad, porque "la verdad nos hace libres".

Todo en la vida tiene un propósito

"Los dos días más importantes de tu vida son el día que naces y aquel en el que descubres el por qué has nacido" (Mark Twain).

Cuando pensamos por qué hacemos lo que hacemos a veces esto nos asusta o nos hace sentir incómodos. Podemos pensar que no somos la Madre Teresa de Calcuta, Mahatma Gandhi o Nelson Mandela, los cuales tuvieron un gran sentido del propósito. ¡Eso está bien! Nadie espera o requiere de ti o de mí que tengamos un increíble propósito de vida y que hagamos mega obras (aunque si te lo propones, lo puedes lograr). Simplemente tenemos que entender cuál es nuestro verdadero propósito, da igual si es algo grande o pequeño, para poder vivir una vida con significado.

El propósito de vida es algo muy personal que cada uno está llamado a descubrir. Para darte una clave: **Tú propósito es lo que te motiva a hacer las cosas que haces todos los días**. Es lo que los japoneses llaman el "ikigai". Cuando hago una mirada retrospectiva descubro que el propósito principal de mi vida no ha cambiado, sigue siendo el mismo: servir y ser solidario.

El propósito te proporciona claridad, sentido y te da la dirección hacia dónde avanzar y es tu constante acerca de todo lo que has hecho y harás a lo largo de tu vida. Esto no quiere decir que sólo tengamos un propósito en la vida; un error común sobre el tener un propósito es pensar que es algo único, pero ¡no lo es!

Nuestro propósito puede adoptar muchas formas diferentes. Permíteme darte un ejemplo. ¿Recuerdas cuando estabas en la secundaria y estabas tratando de averiguar lo que querías hacer y por qué querías hacerlo? Para responder a estas preguntas, tú ya estabas pensando acerca de tu propósito, posiblemente por primera vez. A medida que avanzamos por la vida ocurren algunos eventos significativos que van modificando nuestra percepción de la realidad y cómo nos vemos a nosotros mismos en este mundo.

Cuando los padres comienzan a sentirse solos en casa porque los hijos han crecido y se han ido de casa o cuando estamos en el borde de la jubilación, nos preguntamos *¿Cuál es mi propósito ahora?* A medida que se producen cambios en la vida y los acontecimientos, tu propósito puede cambiar. En mi caso particular, también he experimentado cambios a lo largo de mi vida y eso no tiene por qué desenfocarnos, ya que es normal que los seres humanos cambiemos nuestro propósito conforme vayamos creciendo en todos los aspectos de nuestra trayectoria de vida.

Sin embargo, necesitamos enfocarnos en algo concreto, puede ser una gran causa, pero comienza con pequeños pasos, coincido con Rick Warren cuando afirma[71]:

> *"No hay nada tan potente como una vida enfocada, una vida vivida con propósito. Los hombres y las mujeres que han hecho la mayor diferencia en la historia fueron los más enfocados."*

Muchas veces me he preguntado **¿Qué significa tener un propósito en la vida?**

Tener un verdadero propósito en la vida significa tener una razón para vivir, unas metas claras y algo por qué luchar. ¿Es eso posible? Claro que sí. El hecho de que estemos dotados de inteligencia, conciencia y raciocinio muestra que el Creador tenía un propósito definido para nosotros: nos puso en la Tierra para algo. Como persona de fe, creo que sólo quienes viven conforme al proyecto del Creador pueden encontrarle verdadero propósito a la vida.

Alcanzar el bienestar requiere autoconocimiento

Decía Alejandro Magno[72]: "*Conocerse a uno mismo es la tarea más difícil porque pone en juego directamente nuestra racionalidad, pero también nuestros miedos y pasiones. Si uno consigue conocerse a fondo a sí mismo, sabrá comprender a los demás y la realidad que lo rodea*"

El autoconocimiento no es tarea fácil; de hecho, resulta un ejercicio tremendamente complejo, y más aún, si no tenemos un buen y profundo conocimiento de nosotros mismos. A medida que nos conozcamos mejor, podremos más fácilmente cambiar y mejorar. Este proceso puede darse en un área específica, por ejemplo, el contexto familiar y mi rol en el mismo; en una situación cuya base se

71 Warren, Rick (2003) Una vida con propósito. Editorial Vida. Miami, Florida. USA.

72 https://acento.com.do/opinion/conocete-a-ti-mismo-8379839.html

presenta casi diariamente, por ejemplo, la forma en la que tiendo a relacionarme con una persona que representa autoridad; o de manera general en mi interacción con los otros, con el ambiente y conmigo mismo.

El autoconocimiento es una herramienta clave para lograr el bienestar. Es un proceso reflexivo a través del cual nos permite conocernos a nosotros mismos a lo largo del tiempo y que nos permite ser conscientes de cuáles son nuestras virtudes y defectos, de nuestros talentos y carencias para integrarlos a nuestra vida sin menoscabo de nuestra autoestima o autoconcepto. Todo lo cual, nos permitiría la integración plena de lo que hemos sido, somos y seremos en el futuro.

***"¿Quién soy yo?"* es una de esas preguntas existenciales** que, si no sabemos responder, pueden llegar a convertirse en un obstáculo a la hora de ser felices. Saber quién es uno mismo y hacia dónde queremos ir es una de las bases para encontrar bienestar.

Nos podríamos preguntar:

¿Qué es lo nuevo que ha aportado la psicoterapia al autoconocimiento? Diríamos que los instrumentos necesarios para conocerse a sí mismo, para sanar las heridas emocionales y para liberar el poder subconsciente que todos tenemos. Parafraseando a Carl Rogers, diría que los terapeutas lo único que hacemos es facilitar que la persona encuentre la mejor solución dentro de sí misma.

Cierro este apartado con las palabras de William Shakespeare: *"De todos los conocimientos posibles, el más sabio y útil es conocerse a sí mismo"*.

Fases del proceso de autoconocimiento

1. **Autopercepción:** supone la observación pasiva, aunque realista e íntima de nuestro ser.

2. **Autoobservación**: se trata de analizar nuestras actuaciones y comportamientos con el objetivo de entender el porqué de nuestra conducta.

3. **Memoria autobiográfica**: se trata de revisar el conjunto de recuerdos y experiencias vividas, a lo largo de nuestra línea de vida. De esta forma, será más fácil recordar qué nos ha sucedido en nuestro pasado, en un momento y lugar específicos.

4. **Autoestima**: esta fase corresponde con la revisión del amor propio, cómo nos valoramos y cómo nos despreciamos. De alguna forma, conocernos nos ofrece un mapa sobre cuánto nos queremos, el cual nos indica si es necesario invertir más amor hacia nosotros.

5. **Autoconcepto**: es el conjunto de características que configuran la imagen de uno mismo, que ha sido generada a través de juicios de valor.

6. **Autoaceptación**: tras las fases anteriores en las que se reflexiona sobre la propia existencia y los sentimientos, llega el momento de aceptarse, de mirarse al espejo y reconocerse tal cual se es. Solo así se culminará el ciclo de maduración y autoconocimiento.

Conocerte a ti mismo es el soporte y el motor de tu identidad y autonomía. Si eres capaz de conocer tu personalidad, fortalezas, debilidades, actitudes, valores, aficiones, sentimientos o emociones, sin duda estarás más preparado para responder a las diferentes situaciones que se te presenten en la vida, así como para una comunicación más eficaz y mejorar tus relaciones sociales.

Todo el proceso de desarrollo personal depende del conocimiento que tengas de ti mismo, de conocer quién eres y lo que quieres. De esta manera te será más fácil elegir los caminos correctos para alcanzarlo. Caminos que deberás diseñar tú mismo.

Sin embargo, el autoconocimiento es una tarea pendiente para la mayoría de las personas que desea obtener su bienestar, porque es importante saber lo que uno experimenta, tener conciencia de lo que se siente. Es sanador tomar conciencia de la agresividad inconsciente, del dolor inconsciente, del miedo inconsciente. Para superar todos esos temores inconscientes; al igual que necesitamos conocernos más para sanar las distintas emociones negativas que a veces surgen dentro de nosotros, tales como la irritabilidad, el enojo, el odio, etc. que se convierten en una plaga generalizada de nuestra sociedad actual.

Desde esta perspectiva **la reconciliación de los católicos (la confesión) recobra un nuevo sentido**, porque proporciona ese espacio íntimo para encontrarse consigo mismo, no solo para reconocer los errores cometidos, sino también, ser capaz de arrepentirse, pedir perdón y hacer propósito de enmendarlos o corregirlos. En un determinado momento es necesario ver todo eso para decir: -vasta, voy a abordar un camino nuevo, que es el camino amoroso, el camino de la reconciliación conmigo mismo, con los demás y con Dios.

Finalmente, diremos que son muchas las ocasiones en las que, como seres racionales, tenemos el deseo e incluso la necesidad de comprender **quiénes somos**. Con esto no hacemos referencia a esa parte más superficial y observable en el día a día, sino a quiénes somos realmente, qué nos define y por qué pensamos, sentimos y actuamos como lo hacemos.

¿Qué tenemos que hacer para encontrar nuestro propósito de vida?

En primer lugar, necesitamos definir lo que es propósito, lo cual no implica proporcionar los pasos sobre cómo llegar a tener un propósito en la vida. Con el fin de encontrar cuál es tu verdadero propósito de vida te sugiero pensar en los tres elementos básicos que tiene todo propósito:

1. Pasión

Uno de los aspectos fundamentales es descubrir aquello que nos hace levantarnos cada mañana (no importa si hace frío, llueve o hace calor). Aquello que es nuestra fuente de inspiración. Descubrir lo que nos motiva a hacer lo que hacemos, qué cosas te animan y te dan energía. Para entender tus pasiones, hazte la siguiente pregunta, ¿Cuáles son las cosas que hago que me hacen perder la noción del tiempo? *o* ¿Qué cosas haría porque realmente me gusta y no por dinero o por simplemente reconocimiento?

2. Dones o talentos

Debes entender cuáles son tus fortalezas o talentos innatos. Para descubrir cuáles son tus dones, pregúntate: *¿Qué tareas puedo realizar con suma facilidad o con un talento natural? Algunas personas pueden cantar, pintar, dibujar sin mucho adiestramiento.*

3. Valores

Debes entender cuáles son los principios que guían tu vida. Para entender tus valores, debes preguntarte, cuando te enfrentas a decisiones difíciles, *¿Qué factores consideras a la hora de tomar una decisión?* o *¿Existe una situación que te haga sentir la necesidad de hacer algo al respecto?*

Mediante la confluencia de estos tres elementos puedes empezar a descubrir cuál es tu verdadero propósito. Este propósito debe describir algo que es único para ti, derivado de tus dones, tus pasiones y tus valores. Un propósito no tiene por qué ser sólo una sola cosa, puedes tener un propósito para tu vida familiar y otro para la laboral. Es aquello que es sencillo o único para ti. No existen propósitos buenos o malos, siempre y cuando éste conecte con tu ser interior y con lo que deseas conseguir en tu vida. Un propósito no es algo estático sino dinámico, puede cambiar con el tiempo. De hecho, podemos tener distintos propósitos en distintas etapas de la vida.

Mi experiencia personal me lleva a reconocer que mi propósito ha ido cambiando con el tiempo, a medida que he ido madurando. Al principio quería "salvar el mundo", después me di cuenta de que sólo podía impactar a los que estaban a mi alrededor, para luego comprobar que sólo a unos pocos podría influenciar. Igual ocurre en el amor, pasas de un amor "platónico" de amar la humanidad a concretizarlo en un puñado de personas, por ejemplo, cuando comencé como misionero quería rescatar a todos los niños y jóvenes desventajados, unos años más tarde, ese amor se circunscribía a un puñado de niños y jóvenes necesitados que estaban a mi cargo cuando dirigía la Institución.

Las pasiones, los dones y los valores como un todo servirán para apoyar tu **propósito** y ayudarte a vivir una vida con verdadero significado. Mirándolo de forma más objetiva, las pasiones alimentarán a tu propósito, tus dones apoyarán a tu propósito y tus valores guiarán tu propósito.

Cuando hayas definido tu verdadero propósito de vida, encontrarás que comienzas a estar más involucrado en el trabajo, tendrás un mayor sentido de realización, tanto en la vida privada como en la laboral. Comenzarás a cambiar de hacer lo que la sociedad dice que tienes que hacer a encontrar tu propio camino y crear tu propio mapa para alcanzar tu meta. Para vivir una vida más plena necesitamos encontrar un propósito, hacerlo nuestro y comenzar a vivirlo.

Profundizando en el sentido de la vida

En junio del 2013 tuve la oportunidad de visitar Polonia e ir a uno de los lugares más emblemáticos de ese país: Auschwitz, donde los nazis establecieron uno de los campos de concentración más aterrorizadores de la historia de la humanidad. Sin embargo, en ese lugar el reconocido psicólogo Viktor E. Frankl, no solo pudo sobrevivir a las atrocidades de los Nazis, sino que fue capaz de encontrarle sentido a su vida y experimentar momentos de felicidad.

Viktor E. Frankl experimentó las profundidades de la miseria humana en el campo de concentración de Auschwitz, durante la Segunda Guerra Mundial. Poco después de la guerra, él publicó el famoso libro: "*El hombre en busca de sentido*"[73], y describió las condiciones degradantes e inhumanas que experimentaban los prisioneros:

> *"Aun durante una marcha en un amanecer congelado, después de haber sido golpeado con las culatas de los rifles, su mente luchaba por encontrar el sentido, por medio de vívidos pensamientos acerca de su esposa: "Un pensamiento estaba fijo en mí: Por primera vez en mi vida vi la verdad que es cantada en las canciones por muchos poetas, proclamada como la sabiduría final por tantos pensadores. La verdad—que el amor es la meta final y más alta a la cual puede aspirar el hombre. Luego entendí el significado del secreto más grande que la poesía y el pensamiento humanos pueden impartir:* La salvación del hombre es a través del amor y en amor. *Entendí cómo un hombre que no tiene nada en este mundo todavía puede conocer la felicidad, aunque sólo por un breve momento, en la contemplación de su amada. En una situación de total desolación, cuando el hombre no se puede expresar a sí mismo a través de una acción positiva, cuando su único logro puede ser en perseverar en sus sufrimientos de una forma positiva—una forma honorable—en seme-*

73 Frankl, Viktor. 2013, EL hombre en busca de sentido. 11ª ed. de la edición de 2004. Editorial Herder. Barcelona, España.

jante situación, un hombre puede, a través de la contemplación amorosa de la imagen que el guarda de su amada, alcanzar la realización" (pp. 56-57).

Que pensamiento tan hermoso y a la vez tan trágico. La esposa de Viktor Frankl murió en el campo, y nunca tuvo la oportunidad de volver a verla.

Parece simple, pero el porqué de nuestra existencia va mucho más allá del "aquí y el ahora". De lo que somos y lo que hacemos. Depende del amor. Si amamos y somos amados. Por años viví esto desde la teoría, desde la suposición de que era capaz de amar y entregarme en cuerpo y alma a una misión o un ministerio, pero muchas veces me topaba con la cruda realidad de que habías realizado un gran servicio, una tremenda labor, ofrecido la mejor de las celebraciones, como aquellas que en muchas ocasiones tuve el privilegio de presidir en aquel hermoso Santuario llamado popularmente la Montaña Santa, pero cuando todo el mundo se marchaba, me quedaba solo en aquel apartado lugar sin tener con quién compartir la experiencia vivida o el logro obtenido.

Al principio me sentía exhausto, con la satisfacción del deber cumplido, pero conforme fue pasando el tiempo me fui dando cuenta de que esto no es suficiente para alcanzar la felicidad integral, hace falta alguien con quien compartir tus logros o también las penas que te regala la vida. Cuando tienes a esa persona como compañera de camino, te das cuenta de que las cargas pesan menos cuando se comparten y las alegrías se multiplican cuando las podemos celebrar con la persona amada.

Hoy en día, existen muchos métodos que giran en torno a descubrir cuál es y cómo identificar aquello tan poderoso que nos hace saltar de la cama, así nos encontremos exhaustos, estresados, contentos o amargados. El "ikigai" lo llaman los japoneses, que además aseguran que, quien lo encuentra, vive más tiempo y es mucho más feliz. Sin embargo, el problema es que no todas las personas descubren cuál es su propósito en la vida; y algunos viven danto tumbos de un lado a otro una gran parte de su tiempo, sin tenerlo ni saberlo. Parafraseando a Viktor Frankl, que dijo: "el significado de mi vida es ayudar a otros a encontrar significado en la suyas[74]" y yo le agregaría: ayudando a los otros a encontrar significado a sus vidas le damos significado a la nuestra.

A nivel médico-científico, algunos estudios arrojan datos como el tener un propósito de vida ayuda en varios aspectos de la salud: a prevenir un ataque cardíaco o un derrame cerebral, evita la demencia, permite a las personas dormir mejor, tener mejores relaciones sexuales, reduce la apoplejía, la depresión, ayuda a las personas a manejar las adicciones y a vivir más tiempo… ¡asombroso! ¿no?

Algunos lo buscan en la religión, otros en el trabajo, el dinero, la familia, o están los que viven simplemente por inercia y se dejan llevar por la rutina y sus actividades cotidianas. Pero todos los que lo encuentran parecen siempre tropezar con lo mismo, lo que, incluso, los psicólogos también llamamos el "propósito de vida"; es aquello que nos impulsa a levantarnos cada mañana, a trabajar, a luchar incansablemente hasta conseguir el objetivo.

74 Frankl, Viktor. 2013, EL hombre en busca de sentido. 11ª ed. de la edición de 2004. Editorial Herder. Barcelona, España.

Capítulo VII
Vivir una espiritualidad en el siglo XXI

La metamorfosis del Espíritu

Permítame comenzar este último capítulo de este libro con uno de mis cuentos favoritos escrito por el Sacerdote Jesuita Anthony De Mello[75] sobre la Espiritualidad:

> *Le preguntaron al Maestro: «¿Qué es la espiritualidad?».*
> *«La espiritualidad», respondió, «es lo que consigue proporcionar al hombre su transformación interior».*
> *«Pero si yo aplico los métodos tradicionales que nos han transmitido los Maestros, ¿no es eso espiritualidad?».*
> *«No será espiritualidad si no cumple para ti esa función. Una manta ya no es una manta si no te da calor».*
> *«¿De modo que la espiritualidad cambia?».*
> *«Las personas cambian, y también sus necesidades. De modo que lo que en otro tiempo fue espiritualidad, ya no lo es. Lo que muchas veces pasa por espiritualidad no es más que la constancia escrita de métodos pasados».*

Hay que cortar la chaqueta de acuerdo con las medidas de la persona, y no al revés.

Cuando hablamos de espiritualidad casi siempre entramos en un terreno muy resbaladizo y muy poco transitado, porque pensamos que solo los "expertos" (maestros de la vida espiritual) pueden hacerlo. Porque no basta con tener una maestría en Teología (con énfasis

75 De Mello, Anthony, El canto del pájaro. Sal Terrae, Santander 1982.

en Divinidad), o haber sido Sacerdote con experiencia en acompañamiento espiritual para poder abordar el tema con autoridad. La razón principal es que la mayoría de la gente tiende a confundir Espiritualidad con Religión, por lo que necesitamos elaborar un poco más las implicaciones que esto tiene.

Por lo anteriormente dicho, permítame hacer la distinción entre religión y espiritualidad. Religión significa, en general, creer en un ser superior; aceptar la trascendencia; acoger doctrinas, ideas y enseñanzas, así como instituciones, jerarquías, ritos y celebraciones. A su vez, está vinculada a la salvación, y quien profesa una religión, normalmente, participa en prácticas cultuales.

Si queremos hacer una definición de términos tenemos que el ir al Diccionario de la Real Academia Española[76] (RAE), la palabra "religión", es una palabra latina que denota, en primera instancia, un "conjunto de creencias o dogmas acerca de la divinidad, de sentimientos de veneración y temor hacia ella, de normas morales para la conducta individual y social y de prácticas rituales, principalmente la oración y el sacrificio para darle culto".

Así mismo, el Diccionario (RAE) define el concepto: espiritualidad[77], como la *"naturaleza y condición de espiritual. Cualidad de las cosas espiritualizadas o reducidas a la condición de eclesiásticas. Obra o cosa espiritual y conjunto de ideas referentes a la vida espiritual"*.

En estas definiciones que nos ofrece la RAE se observa una estrecha relación entre el ser religioso y el ser espiritual. Para unas personas, no se puede ser espiritual sin que de una u otra forma se es religioso. Para otras, no se puede ser espiritual sin seguir una norma preestablecida en lo que puede llamarse religión o no. Sin embargo, cuando observamos la realidad podemos encontrarnos con personas

76 https://dle.rae.es/religi%C3%B3n

77 https://dle.rae.es/espiritualidad?m=form

que viven su espiritualidad de acuerdo con la religión que profesan y otros no.

En consecuencia, coincido con el teólogo Martínez Lozano[78] que afirma que el concepto: "espiritualidad" ha llegado a ser una palabra desafortunada. Para muchos significa algo alejado de la vida real, algo inútil que no se sabe exactamente para qué puede servir o, como mucho, un "añadido", superfluo o poco significativo, a lo que es la vida ordinaria.

Frente a eso llamado "espiritual", de lo que se podría fácilmente prescindir, lo que interesa es lo concreto, lo práctico, lo tangible. Agrega Martínez Lozano que "espiritualidad" es una palabra gastada y estropeada, porque ha sido víctima de una doble confusión: el pensamiento dualista que contraponía espíritu a materia, alma a cuerpo, y en muchos casos, la reducción de la espiritualidad a la religión.

Para ilustrar estas dos posiciones contradictorias, que frecuentemente nos encontramos en nuestra comunidad, por un lado, están aquellas que se presentan como muy religiosas y cumplidoras de toda clase de reglas o mandatos, pero no se les nota el más mínimo asomo de espiritualidad y por el otro, nos topamos con personas que, sin parecer muy religiosas, sí practican una espiritualidad muy cónsona con las enseñanzas de Jesús. Déjame contarte dos historias que así lo reflejan, la primera historia es sobre una de esas personas religiosas que tienen poco de espiritualidad:

La noche buena de doña Justa[79]:

Doña Justa era lo que diríamos hoy una mujer católica y practicante, muy devota de la Virgen y acostumbrada a ir al templo, rezar todos los días el rosario, asistir a la Santa Misa y

78 https://www.enriquemartinezlozano.com/una-busqueda-espiritual-creciente/

79 Autor desconocido.

comulgar todos los domingos. Resulta que precisamente era la tarde de Navidad, Doña Justa estaba orando en su altar privado que tenía en su lujosa casa cuando de pronto un ángel se le apareció a la rica señora y le dijo:

—Te traigo una buena noticia: "esta noche el Señor Jesús vendrá a visitar tu misma casa".

La señora quedó entusiasmada: Nunca había creído posible que en su casa sucediese este milagro. Comenzó a preparar una cena especial para recibir a Jesús. Buscó manjares exquisitos, vinos importados, conservas y postres.

De repente sonó el timbre. Era una mujer mal vestida, de rostro sufrido, con el vientre hinchado por un embarazo muy adelantado.

-Señora, ¿no tendría algo de comer para darme? Estoy embarazada y tengo mucha hambre

¡Pero esta no es hora de molestar! Vuelva otro día, respondió la dueña de la casa. Ahora estoy ocupada preparando la cena para una visita muy importante.

Poco después, un hombre, sucio y lleno de grasa, llamó a la puerta.

—Señora, mi camión se ha averiado aquí en la esquina. ¿Por casualidad no tendría usted una caja de herramientas que me pueda prestar? La señora, ocupada como estaba limpiando las copas de cristal y los platos de porcelana de la vajilla se irritó mucho:

¿Usted piensa que mi casa es un taller mecánico? ¿Dónde se ha visto importunar a la gente así? Por favor, no ensucie mi entrada con esos pies inmundos y lo botó de su casa.

La anfitriona siguió preparando la cena: abrió latas de caviar, puso champaña en el refrigerador, escogió de la bodega los mejores vinos, preparó unos coctelitos.

Mientras tanto, alguien afuera batió las palmas. Será que ahora llega Jesús, pensó ella emocionada y con el corazón acelerado fue a abrir la puerta. Pero era un niño harapiento de la calle.

-Señora, necesito un plato de comida. ¿Cómo te voy a dar comida si todavía no hemos cenado? Vuelve mañana a ver si sobra algo, porque esta noche estoy muy atareada.

Al final, la cena estaba ya lista. Toda la familia emocionada esperaba la ilustre visita. Sin embargo, pasaban las horas y Jesús no aparecía. Cansados de esperar empezaron a tomar los coctelitos, que al poco tiempo comenzaron a hacer efecto en los estómagos vacíos y el sueño hizo olvidar los manjares y los platos preparados.

A la mañana siguiente, al despertar, la señora se encontró, con gran espanto frente al mismo ángel. ¿Acaso un ángel puede mentir? Preguntó ella de muy mal genio. Lo preparé todo con esmero, aguardé toda la noche y Jesús no apareció. ¿Por qué me hizo esta horrible broma?

No fui yo quien mentí, fue usted la que no tuvo ojos para ver, dijo el ángel. Jesús estuvo aquí tres veces, en la persona de la mujer embarazada, en la persona del camionero y en el niño hambriento. Pero usted no fue capaz de reconocerlo y menos de acogerlo.

Confundir religión con espiritualidad es sumamente fácil y hasta socialmente aceptado, lo cual te lleva generalmente a unas prácticas religiosas vacías y ritualistas que te tranquilizan la conciencia. Lo cierto del caso es que hay y ha habido muchas personas que creen que actuar de este modo, escudados en su religión, les garantiza vivir correctamente en esta vida y creen que esto le "garantiza" la vida eterna en el futuro. Sin embargo, nada más lejos de la espiritualidad cristiana. Jesús enseñó todo lo contrario:

"Porque cuando tuve hambre, ustedes me dieron de comer; cuando tuve sed, me dieron de beber; cuando tuve que salir de mi país, ustedes me recibieron en su casa; cuando no tuve ropa, ustedes me la dieron; cuando estuve enfermo, me visitaron; cuando estuve en la cárcel, ustedes fueron a verme. Y los buenos me preguntarán: Señor, ¿Cuándo te vimos con hambre y te dimos de comer? ¿Cuándo tuviste sed y te dimos de beber?

¿Alguna vez tuviste que salir de tu país y te recibimos en nuestra casa, o te vimos sin ropa y te dimos que ponerte? No recordamos que hayas estado enfermo, o en la cárcel, y que te hayamos visitado. Yo, les diré: Lo que ustedes hicieron para ayudar a una de las personas menos importantes de este mundo, a quienes yo considero como hermanos, es como si me lo hubieran hecho a mí[80]. (Mt. 25: 35-40)

La segunda historia está inspirada en un pasaje bíblico. En una primera parte, se narra el encuentro de dos personas muy religiosas con un necesitado que pasan de largo, con el afán de cumplir sus compromisos religiosos. Luego se da un segundo encuentro entre dos personas que a los ojos de algunos los considerarían enemigos, pero el samaritano no pasa de largo , se detiene y actúa con unos principios éticos y espirituales que pareciera que cultivaba una profunda espiritualidad. A continuación, le relatamos la historia "retocada" del Buen Samaritano[81]:

"Un hombre viajaba por el camino que va desde Jerusalén al poblado de Jericó. Había trabajado muchos días lejos de casa para llevar a su familia un poco de dinero. De pronto, cuando estaba a punto de llegar a su pueblo, le salieron cinco ladrones. Él les pidió que le permitieran seguir su camino porque no tenía grandes riquezas y sólo llevaba lo necesario para su hogar, pero los ladrones no le hicieron caso y lo golpearon hasta que lo creyeron muerto. El pobre infeliz pasó toda la noche a un lado del camino, herido, inconsciente, y en medio del frío. Si no recibía ayuda moriría pronto. Al día siguiente pasó por ahí un sacerdote judío que iba al templo de Jerusalén. Vio al hombre malherido, pero no se detuvo.

Para justificarse se dijo a sí mismo: "Soy un sacerdote y ofrezco a Dios las ofrendas del pueblo; por lo tanto, no puedo

80 Ibidem. Biblia de Jerusalén. (1984). (Mt. 25: 35-40)

81 http://www.padrejose.mx/apps/publication/p/?z=0&a=28

contaminarme con la sangre de ese hombre. Primero están mis deberes con Dios que con los desconocidos. Además, quizás este hombre no sea judío". Después pasó por el lugar un levita, pero tampoco se detuvo. Se dijo a sí mismo: "Los levitas tenemos que estar dedicados al servicio del templo. No puedo perder tiempo con este hombre. Primero está el templo que los humanos. Además, quizás lo hirieron por su culpa". Mas tarde pasó por el mismo camino un samaritano que tenía mucha prisa, pero cuando vio al hombre herido, se compadeció de él. Se detuvo y pensó: "Lo que tengo que hacer puede esperar, pero las heridas de este pobre hombre no". El samaritano sabía que las heridas podían curarse con aceite y vino, y él llevaba ambas cosas para su alimento, pero decidió que su estómago podía esperar.

Entonces aquel hombre ungió las heridas del enfermo y como vendas utilizó su túnica. En ese momento el hombre despertó y quiso saber quién lo estaba ayudando. Él le dijo: "Soy Abdiel, un samaritano". Al escuchar esas palabras el herido se admiró porque entre los judíos y los samaritanos existía una gran enemistad ancestral. Entonces le preguntó: "¿Cómo es posible que un samaritano esté ayudando a un judío?" Mientras seguía auxiliándolo, el samaritano le contestó: "Las heridas no tienen nombre ni nacionalidad, los enfermos son enfermos en todas partes y los necesitados están por encima de cualquier credo religioso". Mientras el samaritano subía al hombre en su caballo, el judío le dijo: "Pero no tengo dinero para pagarte", a lo que el samaritano respondió: "Hoy escuché a un hombre llamado Jesús que decía que la vida tiene más sentido cuando se sabe amar y ser generoso. Ese hombre dijo que los misericordiosos tendrían la misericordia de Dios y yo quiero su misericordia". El judío guardó silencio.

Después de varias horas, los hombres llegaron a un mesón y ahí pasaron la noche. Al día siguiente el samaritano se despertó temprano, cuidando de no despertar al herido. Se acercó al dueño del mesón y le dijo: "'Cuida de él y lo que gastes de más, te

> *lo pagaré a mi regreso'. El dueño del mesón le preguntó por qué ayudaba a un desconocido. El samaritano le respondió: "Tarde o temprano todos necesitaremos de los demás. Por eso tenemos que ir cambiando las cosas poco a poco. Si pensamos que nuestros prójimos sólo son nuestros familiares, nuestros conocidos, la gente de nuestro grupo o quienes pueden recompensar nuestras acciones, siempre tendremos un corazón estrecho y egoísta. En cambio, si pensamos que todos somos hijos de Dios y aprendemos a tratarnos como hermanos, todo el mundo cambiará". Como el dueño del mesón nunca había escuchado palabras semejantes, le preguntó al samaritano dónde había aprendido esa manera de pensar. El samaritano se despidió de él, le sonrió y antes de salir, le dijo: "Se las escuché a un hombre llamado Jesús de Nazaret y estoy seguro de que ese hombre sencillo va a cambiar el mundo porque es el Mesías".*

Podemos sacar muchas conclusiones de esta parábola bíblica, pero nos vamos a quedar sólo con tres: **1)** la manera en que Jesús quiere que las personas interactúen entre sí y que rompan todas las barreras religiosas y raciales. **2)** Él quiere que todos se lleven bien sin importar de qué manera decidan adorarle. **3)** Y también Jesús invita a sus discípulos a socorrer al necesitado. Esto se hace evidente en la historia del samaritano que ayudó a un hombre (judío) que a su vez probablemente no lo habría ayudado en la misma situación.

Si queremos actualizar esta parábola al siglo XXI, la podemos interpretar en clave de nuestro entorno, diremos que cuando alguien ha sido herido de una manera emocional o psicológica, puede estar sentado y llorando a la vera de nuestro camino y si esa persona herida encuentra en nosotros un alma generosa que es capaz de darle nuevos ánimos, nuevas esperanzas y un mayor sentido a su vida. Aunque esa persona no sea de nuestra misma religión, tengo la certeza de que estaremos en sintonía con las enseñanzas del maestro de Galilea.

En síntesis, podemos afirmar que si en nuestro mundo moderno, actuáramos como "el buen samaritano", nuestro mundo sería distinto, más humano, más fraterno, sin tantas divisiones y sin los múltiples problemas de toda índole que actualmente tenemos; porque todos nos ocuparíamos de los demás, sin importar quiénes sean, ni el color de la piel, raza, origen o religión.

Otros modelos de espiritualidad:

Recuerdo que cuando dictaba un curso en la UPR- Cayey (Psicología y Espiritualidad), un buen día una estudiante me preguntó si el curso incluía la espiritualidad musulmana, ya que ella y su familia profesaban esa religión. Esto me llevó a cuestionarme sobre nuestro reduccionismo occidental en donde generalmente cuando hablamos de espiritualidad lo hacemos dando por sentado que estamos hablando de espiritualidad cristiana.

Es bastante frecuente que las distintas religiones marginen la espiritualidad de las otras, esto se debe a que la mayoría de ellas tiende a centrarse en las doctrinas, en los grandes tratados teológicos, en las organizaciones y las estructuras. Sin olvidarnos que en el otro extremo están las espiritualidades que **no se olvidan** de la presencia y la acción de Dios en el ser humano, del servicio a los más débiles y la construcción de la comunidad y de la fraternidad. Ahora podemos mencionar otros modelos de espiritualidad. Lo que sí creo es que en todas las religiones podemos encontrar personas que viven una auténtica espiritualidad. Por lo que nos podríamos preguntar: ¿qué es vivir una auténtica espiritualidad?

La espiritualidad sin dogmatismos

Recuerdo vívidamente una conversación que tuve hace unos años atrás con mi antiguo profesor de biblia, cuando trabajamos juntos en la facultad de Teología del cual el Dr. Struik era Rector, y yo me desempeñaba como Decano de estudiantes y profesor. Un día dialogamos acerca de un famoso texto atribuido al Jesuita y teólogo francés Teilhard de Chardin[82], que diferenciaba la espiritualidad de la religión:

- *No hay una sola religión, sino cientos*
- *Sólo hay un tipo de espiritualidad.*

- *La religión es para aquellos que quieren seguir los rituales y las formalidades;*
- *La espiritualidad es para aquellos que quieren llegar a la transformación espiritual sin dogmas.*

- *La religión es para los que están dormidos;*
- *La espiritualidad es para los que están despiertos.*

- *La religión es para aquellos que requieren la orientación de los demás;*
- *La espiritualidad es para los que prestan oídos a su voz interior.*

- *La religión tiene un conjunto de reglas dogmáticas e incuestionables que deben seguirse sin cuestionarlas;*
- *La espiritualidad te invita a que des razón de todo, para cuestionarlo todo y decidir sus acciones y asumir las consecuencias.*

- *La religión amenaza y aterroriza;*
- *La espiritualidad te da paz interior.*

- *La religión habla de pecado y de culpa;*
- *La espiritualidad anima a "vivir en el presente" y no a sentir remordimiento por lo que ya ha pasado - Eleva el espíritu y te ayuda a aprender de los errores.*

- *La religión reprime a la humanidad, y nos hace regresar a un falso paradigma;*

82 Digo "atribuido" porque no encontré una fuente bibliográfica fidedigna, esto se debe a que a los grandes escritores se les suele atribuir algunos escritos especiales como este.

- *La espiritualidad trasciende todo y hace que uno sea fiel a uno mismo.*

- *La religión es inculcada desde la infancia, como la sopa que usted no desea tomar;*
- *La espiritualidad es el alimento que usted busca, que lo satisface y que le es agradable a los sentidos.*

- *La religión no es Dios;*
- *La espiritualidad es la conciencia infinita y todo lo que es - Es Dios*

- *La religión inventa;*
- *La espiritualidad descubre.*

- *La religión no investiga y no cuestiona;*
- *La espiritualidad cuestiona todo.*

- *La religión se basa en la humanidad, una organización con reglas;*
- *La espiritualidad es DIVINA, SIN reglas.*

- *La religión es causa de división;*
- *La espiritualidad es la causa de unión.*

- *La religión lo busca a usted para que usted crea;*
- *La espiritualidad causa que usted busque.*

- *La religión sigue las enseñanzas de un libro sagrado;*
- *La espiritualidad busca la santidad en todos los libros.*

- *La religión inculca el miedo*
- *La espiritualidad inculca la confianza*

- *La religión se vive en sus pensamientos*
- *La espiritualidad vive en su conciencia*

- *La religión es a cargo del "hacer";*
- *La espiritualidad es a cargo del "SER".*

- *La religión alimenta al ego;*
- *La espiritualidad te hace trascender.*

- *La religión te hace renunciar al mundo*
- *La espiritualidad te hace vivir con Dios, no que renuncies a Él*

- *La religión sueña con la gloria y el paraíso*
- *La espiritualidad te hace vivir aquí y ahora*

- *La religión vive en el pasado y en el futuro*
- *La espiritualidad vive en el presente, en el aquí y ahora*

- *La religión vive en el confinamiento de su memoria*
- *La espiritualidad es LIBERTAD CONSCIENTE*

- *La religión cree en la vida eterna*
- *La espiritualidad te hace consciente de todo lo que es*

- *La religión te da promesas para la otra vida*
- *La espiritualidad te da la luz para encontrar a Dios en tu ser interior, en esta vida, en el presente, en el aquí y ahora...*

Recuerdo que en aquel fructífero diálogo con el Dr. Struik, abordamos las distintas posiciones que asume la gente del siglo XXI, en donde encontramos un amplio abanico de posibilidades. Sin querer agotar el tema (porque esto tiene suficiente material para escribir otro libro) voy a comentar brevemente algunos de los postulados atribuidos al teólogo Teilhard de Chardin:

1. No hay una sola religión, sino cientos; sólo hay un tipo de espiritualidad.

Bastaría con solo dar una mirada a la distribución mundial de las grandes religiones para darnos cuenta de que 8 de cada 10 habitantes de nuestro mundo profesa alguna religión.

Los siguientes datos pertenecen a las estadísticas y estudios de Pew Research Center[83], realizado en 2012. En donde presenta el panorama de la religión en el mundo:

En este estudio estiman que, de la población mundial, al menos **5.8 mil millones de personas pertenecen a una religión**, las cuales representan el **84% de la población actual** de al menos 7 mil millones de personas. Las 5 religiones con más adeptos en el mundo representan a su vez dos terceras partes de la población analizada; el tercio restante pertenece a personas no religiosas, religiones tradicionales y otras religiones.

En millones de personas:

Cristianos: 2,200	(32% de la población mundial)
Musulmanes: 1,600	(23%)
Sin afiliación: 1,100	(16%)
Hinduistas: 1,000	(15%)
Budistas: 500	(7.5)
Religiones populares: 400	
Otras religiones: 58	
Judíos: 14	

Aunque no hay estudios recientes acerca de la población que practica algún tipo de espiritualidad me atrevería a afirmar que la mayoría de los que profesan alguna religión dirían que tienen "una espiritualidad".

83 https://www.pewforum.org/2012/12/18/global-religious-landscape-exec/

Por otro lado, están los que afirman que es posible ser religioso sin ser espiritual y espiritual sin ser religioso. También hay quienes creen que sólo puede ser espiritual quien forma parte de una religión. Lo cierto de la cuestión es que la espiritualidad es más abstracta que la religión. La espiritualidad es un concepto más amplio y no está limitado por una determinada religión. Cada día hay más personas (dentro y fuera del ámbito religioso) que buscan vivir una auténtica espiritualidad que alimente y dé sentido a su vida. Lo que pasa es que todas las religiones tienden a controlar estas manifestaciones.

2. **La religión es para aquellos que quieren seguir los rituales y las formalidades. La espiritualidad es para aquellos que quieren llegar a la transformación espiritual *sin dogmas*.**

Actualmente no hay muchos estudios que puedan reflejar esta tendencia, especialmente entre las nuevas generaciones de personas que dicen que creen en Dios o un Ser Supremo, pero no están afiliados a una religión. En **Estados Unidos**, se realizaron unos estudios[84] que reflejan una tendencia hacia la libertad espiritual sin dogmatismos. Solo desde el 2012 se estima que unos 7.5 millones de estadounidenses no están activos en una determinada denominación religiosa.

En el 2012, el **Pew Research Center**, organización independiente que realiza análisis sobre diversos temas y tendencias, identificó un **aumento de personas que no pertenecen a alguna congregación de fe**. Ese grupo, que en inglés se conoce como los "***nones***", está mayormente compuesto por "***millennials***", que son los nacidos entre 1981 y 1996, aunque también hay personas de otras generaciones.

Cuando dirigí un centro de peregrinación en P.R. en donde trabajé alrededor de 12 años era frecuente escuchar a algunos peregrinos ocasionales que decían creer en Dios o en un Ser Supremo, pero ellos "no se ataban a dogmas o iglesias que les dictara cómo debían vivir

84 https://www.pewforum.org/2012/12/18/global-religious-landscape-exec/

su espiritualidad". Generalmente era gente "buena" formada en la Iglesia católica u otras denominaciones cristianas, que no se declaraban rebeldes ni ateos, pero si se consideraban personas "espirituales". También me encontré con otros feligreses de corte más conservador que enjuiciaban esta conducta como inadmisible y generalmente tenían palabras condenatorias.

No podemos negar que hay una tendencia, especialmente entre las nuevas generaciones (mayormente con estudios universitarios), que prefieren vivir una espiritualidad sin mayores ataduras dogmáticas y con un gran compromiso social, ecológico y una manifiesta solidaridad con las causas nobles de nuestra sociedad.

Según un artículo publicado en la Revista aragonesa de teología[85] escrito por el teólogo Enrique Martínez Lozano (2012), resulta innegable que, en nuestro medio sociocultural, nos hallamos frente a un creciente resurgir de la espiritualidad. Y que dicho resurgir corre paralelo a un no menos evidente declive de la religión institucional.

3. La religión amenaza y aterroriza; la espiritualidad te da paz interior.

Cuando escuchamos por los distintos medios de comunicación que en nombre de la religión se hiere, se lastima y hasta se asesina, entendemos que cada día haya más personas que se aparten de las estructuras institucionales para asumir una espiritualidad más acorde con su fe.

Recordemos solamente dos aspectos que estremecieron al mundo, uno negativo y otro positivo, por un lado, surgió la secta musulmana "ISIS" (que amenaza y aterroriza en el oriente medio), y por otro lado, el valiente testimonio de la joven musulmana Malala Yousafzai (la ganadora más joven de la historia del premio nobel de

85 https://www.enriquemartinezlozano.com/una-busqueda-espiritual-creciente/

la paz, 2014). En el discurso que pronunció el día que recibió el premio nobel dijo[86]:

> "No podíamos solo quedarnos parados y ver las injusticias cometidas por los terroristas que negaban nuestros derechos, matando cruelmente a las personas y usando incorrectamente el nombre del Islam. Decidimos elevar nuestra voz y decirles: ¿Acaso no han aprendido?, que en el Sagrado Corán dice: "Si matas a una persona, es como si mataras a toda la humanidad"

La historia protagonizada por Malala, se dio en medio de un proceso de radicalización de las posiciones del movimiento talibán, hoy la tomamos como un testimonio ejemplar de una persona que a pesar de su juventud se esforzó por luchar por sus derechos más fundamentales como lo es el derecho a la educación que tienen las niñas musulmanas.

Además, fue capaz de levantar su voz de protesta y convertirse en un símbolo de esperanza para los jóvenes que al igual que ella luchan para que nuestro mundo actual despierte ante los terribles atropellos de dichas agrupaciones musulmanas que practican tal extremismo. A partir de su recuperación del atentado terrorista que casi le cuesta su vida, asumió la posición de una constante denuncia acerca de todo aquello que pudiera sonar a posiciones fundamentalistas.

Para Martínez Lozano[87], "la llamada dimensión espiritual constituye una dimensión absolutamente básica de la persona y de la realidad. Sobre ella precisamente se asientan las diferentes "formas" religiosas o religiones, como soporte y vehículo a la vez de aquella dimensión que empuja por vivirse".

86 https://www.commonlit.org/es/texts/discurso-del-premio-nobel-de-la-paz-malala-yousafzai
87 https://www.enriquemartinezlozano.com/una-busqueda-espiritual-creciente/

El gran interrogante que se levanta es cómo viven las nuevas generaciones su espiritualidad, empujados muchas veces por las instituciones religiosas que los obligan a la búsqueda de una paz interior entendida no como la antigua concepción intimista de algunos cristianos sino "una aproximación suficientemente amplia e inclusiva". Una espiritualidad entendida como una relación que se establece entre el ser humano y Dios, que da paz interior y que lleva a las personas a comprometerse en la transformación de su mundo y sus circunstancias.

4. **La religión es inculcada desde la infancia, como la sopa que usted no desea tomar; mientras que la espiritualidad es el alimento que usted busca, que lo satisface y que le es agradable a los sentidos.**

Hacer una sana diferenciación entre religión y espiritualidad nos permitirá entender mejor ambos términos. Todavía recuerdo que en mis clases de teología se explicaba la relación entre religión y espiritualidad con las dos imágenes que tradicionalmente se suelen utilizar, habitualmente, para hablar de la relación entre ambas: la del vaso y el agua, o la del mapa y el territorio. La espiritualidad es el agua que necesitamos si queremos vivir y crecer; la religión es el vaso que contiene el agua. La espiritualidad es el territorio último que anhelamos, porque constituye nuestra identidad más profunda; la religión es el mapa que quiere orientar hacia él.

A veces, cuando la religión se absolutiza, todo se desencaja. Lo que es solamente un medio, a veces se le da la categoría de fin último, haciendo que todo gire en torno a ella. Se hacen presentes el dogmatismo y la exclusión. En esa misma medida, la persona religiosa proyecta en la religión la seguridad con la que sueña. Quizás no esté de más señalar que esa tendencia a la absolutización constituye una característica del modo de funcionar de nuestra mente.

Es muy interesante que en su planteamiento el teólogo Martínez Lozano afirma que entre religión y espiritualidad no tiene por qué haber enfrentamiento, así como tampoco identificación. Esta afirmación conlleva dos conclusiones inmediatas: por un lado, una religión conscientemente alentada por la espiritualidad resulta beneficiosa y eficaz. Por otro, la afirmación de la no-identificación entre ambas permite reconocer la existencia de una espiritualidad neutra.

Concuerdo con Ken Wilber[88], en su afán integrador y sincrético, piensa que la Espiritualidad Integral es aquella que engloba los conceptos y significados que todas las religiones tienen de su esencia más auténtica, de su mística, además de una conclusión que los unifique.

La espiritualidad es el alimento que usted busca para darle sentido y propósito a la vida, lo que ocurre es que a veces teniéndolo delante de ti no somos capaces de reconocerlo y solo nos hace falta entrar en esa dimensión trascendente, al cual todos los seres humanos estamos llamados a participar. Nos pasa igual que el pequeño pez del cuento de Anthony de Melo[89] que les relato a continuación:

> *Usted perdone», le dijo un pez a otro, «es usted más viejo y con más experiencia que yo y probablemente podrá usted ayudarme. Dígame: ¿dónde puedo encontrar eso que llaman Océano? He estado buscándolo por todas partes, sin resultado». «El Océano», respondió el viejo pez,* ***«es donde estás ahora mismo»*** *¿Esto? Pero si esto no es más que agua... Lo que yo busco es el Océano», replicó el joven pez, totalmente decepcionado, mientras se marchaba nadando a buscar en otra parte.*

A veces andamos buscando afuera lo que tenemos dentro y forma parte integral de nuestra realidad trascendente, solo nos hace falta despertar a esa conciencia de que en medio de nuestra realidad inmanente llevamos un tesoro en tiestos de barro.

88 Ken, Wilber (2008). Espiritualidad Integral: El Nuevo Papel de la Religión en el Mundo Actual. España.

89 Ibidem. De Mello, Anthony, El canto del pájaro.

5. La religión alimenta al ego; La espiritualidad te hace trascender.

Cuando estuve como Rector de un Santuario en Puerto Rico (La Montaña Santa) pude percibir lo fácil que es para un líder religioso cultivar el "ego" y autoproclamarse "redentor", "mesías", "visionario" (tal y como había ocurrido en el pasado) o ser "Director espiritual" de un gran número de personas que sedientas de que alguien les diera "dirección" o pretendían que alguien "les organice sus vidas" acudían a la rectoría con el interés de resolver sus conflictos personales, psicológicos, familiares o espirituales.

Debido a todos los múltiples conflictos que vivieron mis antecesores (algunos generados por ellos) en aquel icónico lugar, cada vez que atendía a alguien nuevo, siempre tuve el cuidado de hacerle la salvedad de que no hacía "dirección espiritual" sino "acompañamiento espiritual", es decir, no me ponía por encima de la persona como para indicarle lo que debía o no hacer, sino que le invitaba a seguir el modelo de acompañamiento que hizo Jesús y practicó con los discípulos de Emaus, caminó con ellos y mientras tanto les fue clarificando sus dudas hasta que ellos por sí mismos fueron capaces de descubrir (se le cayeron las escamas de los ojos) la presencia de la luz en sus vidas.

Siempre tuve el cuidado de no proclamarme "mesías" de nadie porque guiado por mi ética profesional sabía que cuando alguien te ha entronizado y te ha tomado como líder; en algún momento, las decisiones que toma como líder a nivel personal o comunitario podrían decepcionarlo. Esta era la razón por la cual frecuentemente les invitaba a poner su fe, no en el líder, sino un poco más arriba, en el mismo Señor, Salvador y Redentor.

Si vives una sana espiritualidad, tarde o temprano te darás cuenta de que por más rector que seas o psicólogo, no eres el salvador ni el guía de nadie. Ninguna vida depende de tus conocimientos ni de tus experiencias por más espirituales que éstas parezcan. Esto es cierto también al revés. Nadie te rescatará ni te salvará, excepto tú mismo cuando eres acompañado espiritualmente de manera adecuada.

El mejor guía con que contamos está dentro de Nosotros. El Espíritu de Dios nos habla con voz suave y paciente, sin obligarnos a nada; nos indica siempre el camino adecuado, nos da la idea más apropiada y la respuesta que racionalmente no podemos encontrar. Por eso, es recomendable practicar meditación y oración diaria para poder escuchar esa voz. Si vives de prisa, tenso, angustiado y con un ritmo acelerado, seguramente no oirás la "voz de Dios" y buscarás guías externas.

Es innegable que hay personas que por sus experiencias vividas en el campo de la espiritualidad nos llevan ventaja, son muy positivas y estimulantes, y podría ayudarnos en un principio. Especialmente si están dispuestas a acompañarnos en ese camino. Evita idolatrarlas y evita también ser idolatrado. Recuerda siempre que la guía más válida y acertada está siempre dentro de ti para poder trascender cualquier situación que actualmente estés viviendo.

6. La religión te da promesas para la otra vida. La espiritualidad te da la luz para encontrar a *Dios* en tu ser interior, en esta vida, en el presente, en el aquí y ahora...

Vivimos inmersos en un ambiente y una cultura llena de preocupaciones, estreses, demandas, situaciones familiares y laborales que son un reto para encontrar la paz interior, la serenidad y poder vivir una vida en armonía con Dios, con el medio ambiente, con nosotros mismos y con los demás.

Casi todos los expertos en esta área hablan de la importancia de cultivar una espiritualidad para poder sintonizarnos con el amor, la compasión, el perdón, los valores, lo cual nos dará la capacidad de desconectarnos de pensamientos inquietantes y sembrar pensamientos positivos, llenos de buena energía.

Un punto importante en el camino hacia la paz interior es comprender y aceptar nuestra realidad, como el principal medio que tenemos para liberarnos de preocupaciones, sufrimientos, miedos y de los estresores de la vida; de empezar a ser conscientes de las maravillas que nos ofrece el presente, aun cuando parezca que las cosas no van como quisiéramos que fueran.

Alcanzar la paz interior, aquí y ahora, no significa que vamos a terminar con nuestros problemas o conflictos ya que seguimos siendo los únicos responsables de elegir los caminos que toma nuestra vida, a veces, apartarnos de la rutina, nos ayuda mental, espiritual y emocionalmente a tener una comprensión más elevada de nuestros problemas, del porqué de éstos y cómo superar cualquier situación que se nos presente con serenidad. Alcanzar la serenidad en medio de la "turbulencia" de la vida es posible cuando se cultiva una espiritualidad integral.

Si cultivamos una espiritualidad sana, ésta nos iluminará con su luz en medio de cualquier oscuridad que se nos presente en el camino de la vida.

Espiritualidad y salud mental

Durante los 12 años que fui Rector del Santuario Mariano, popularmente conocido como la "Montaña Santa", tuve el privilegio de conocer muchas personas que deseosas de crecer en su vida espiritual también acudían a los servicios psico-espirituales que brindaba en aquel preciado lugar. Recuerdo un par de psiquiatras que frecuentaban el lugar y me decían: "venimos aquí por el combo, porque no sólo nos brindas el acompañamiento espiritual, sino que también nos das el psicológico".

Muy pocas veces encontré personas que rechazaran lo que los psiquiatras en tono jocoso llamaban "el combo", sí recuerdo una persona que dijo que ellos esperaban un "sacerdote mariano" en lugar de un "cura psicólogo, porque ellos no estaban locos". Entiendo que esto lo decían más por ignorancia, que por cualquier otra cosa y, a la vez, confirma lo que llamamos la excepción a la regla. Desde el principio tenía muy claro aquel viejo adagio que dice: "*No pretendas enseñarle a cantar a un burro; pierdes el tiempo e irritas al burro*".

Ciertamente este tipo de lugares de peregrinación (santuarios) tienen un magnetismo especial para atraer todo tipo de personas con múltiples necesidades tanto humanas, espirituales como psicológicas. Lo cual se convierte en un reto para el Rector del lugar que necesita mucha sabiduría para discernir las distintas demandas que los peregrinos le presentan. Pero esta no es una situación local, sino que forma parte de la realidad que actualmente estamos viviendo en nuestra sociedad.

De acuerdo con el Instituto Nacional de la Salud Mental (National Institute of Mental Health)[90], uno de cada cinco adultos en USA ha sufrido algún trastorno mental en el último año y casi 10 millones de adultos estadounidenses (uno de cada 25) padecen alguna enfermedad mental que es lo suficientemente severa para causar grave deterioro funcional. Extensamente, el 20 por ciento de los adolescentes actualmente tiene, o previamente tuvo, un desorden mental gravemente debilitante. Los desórdenes mentales, neurológicos y de abuso de sustancias son singularmente la fuente principal de discapacidad en los EE. UU., representando casi el 20 por ciento de toda discapacidad.

Según fue reportado recientemente (2018)[91] por la Administración de Seguros de Salud (ASES), **Puerto Rico es la tercera jurisdicción de Estados Unidos con los mayores problemas de salud mental**, superando a los estados de Mississippi y Kentucky, con el agravante que en el año 2017 se reportaron 253 suicidios, unos 57

90 https://www.nimh.nih.gov/about/directors/ thomas-insel/blog/2015/mental-health-awareness-month-by-the-numbers.shtml

91 https://www.primerahora.com/noticias/puerto-rico/notas/somos-la-tercera-jurisdiccion-de-eeuu-con-mayores-problemas-de-salud-mental/

más que en el 2016, y entre septiembre a diciembre de 2017, luego del impacto del huracán María, se reportaron 96 suicidios en la isla.

El enfoque más recomendado en este campo de la ayuda psico-espiritual es el "holístico", aquel que integra la salud, el bienestar mental y espiritual, lo cual implica que los terapeutas entienden y respetan los componentes emocionales, espirituales y culturales de la persona. En palabras del Rev. Renato Santos, vicepresidente auxiliar de atención espiritual de Baptist Health South Florida[92] "Existen abundantes pruebas que respaldan la noción de que nuestros valores espirituales y nuestros comportamientos pueden conducir al bienestar físico y emocional".

Hacer esta integración supone todo un cambio de la mentalidad tradicional, especialmente en el campo religioso que hasta hace muy pocos años fue que aceptó los aportes de la psicología al campo de la espiritualidad. Según el Teólogo y psicoterapeuta, Martínez Lozano: **"La psicología y la espiritualidad son complementarias"** . Para él, la psicología y la espiritualidad «**son dos dimensiones complementarias en la persona; como los dos raíles de la vía**». Dice que «si queremos caminar bien y llegar a un destino, se hace necesario circular por ambos raíles al mismo tiempo» pues «**la espiritualidad sin la psicología está coja y la psicología sin la espiritualidad queda ciega**».

El Rev. Santos afirma que "*las investigaciones han demostrado que las personas que pueden articular un entendimiento claro de su relación con un 'poder superior' pueden enfrentar mejor la enfermedad y la adversidad*".

Así, por ejemplo, en una investigación[93] del Centro Médico de la Universidad de Rush, en Estados Unidos; publicada en el 2010 en

92 https://baptisthealth.net/sp/servicios-de-salud/care-counseling-services/paginas/default.aspx

93 http://local.psy.miami.edu/ehblab/Religion%20Papers/spirituality%20and%20health_george_larson_et%20al._JSCP.pdf

la revista Journal of Clinical Psychology , señaló que las personas que creen en la presencia de un poder superior o viven una espiritualidad tienen un 50% menos de posibilidades de caer en una depresión.

Según la coordinadora del estudio antes citado, Patricia Murphy, afirma que:

> "*la espiritualidad te ayuda en la salud mental, porque si se vive a conciencia, te llena de valores como amor, perdón, agradecimiento, esperanza, paz, fortaleza. Te ayuda a ser más sano emocionalmente. También te da más salud interpersonal, porque, si realmente se vive eso, la persona está mejor consigo misma, pero también tendrá mayor tolerancia, respeto y amor a los demás, con lo que la salud de una familia o grupo social mejora*". Agrega: "La sensación de esperanza que acompaña la fe hace que la gente pueda salir más rápido de la tristeza o depresión".

Además de los recursos basados en la fe o en la espiritualidad, también existen recursos específicos que no están afiliados con la fe, y que los terapeutas pueden ayudar a los pacientes a encontrar, tales como grupos de apoyo para el duelo, la depresión y otras condiciones que pueden afectar la salud mental.

En los últimos años ha habido un cambio de mentalidad en distintos líderes religiosos, en donde muestran el deseo de integrar a su ministerio la ayuda de los profesionales de la salud mental, por ejemplo, en una carta pastoral[94] escrita recientemente por los Obispos de California, USA en el (2018), afirman:

> *"Como pastores y obispos, entendemos que la salud mental, forma parte fundamental del bienestar. Por lo tanto, servir a las personas que sufren de alguna enfermedad mental, es parte esencial de los cuidados pastorales de la Iglesia. Esta carta re-*

94 https://www.cacatholic.org/sites/default/files/hope_and_healing_-_spanish.pdf

presenta una declaración de los obispos católicos, en consulta con personas que sufren de enfermedad mental, sus familiares y seres queridos, profesionales de la salud, y los que les brindan cuidados. Reconocemos y agradecemos a nuestros colaboradores: pacientes, familias, profesionales de la salud mental, y agentes de la atención pastoral".

Mi experiencia en el campo de la ayuda psico-espiritual ha sido muy interesante, en primer lugar, tengo que reconocer el apoyo incondicional que me brindó el Obispo de esa querida Diócesis (Mons. Rubén A. González), quien no sólo me dio el respaldo en esta labor, sino que incluso me refirió presbíteros para que les brindara ayuda.

A lo largo de 12 años me encontré con distintas personas que presentaban distintos trastornos emocionales y otros con distintas condiciones de salud, tengo que reconocer que en la mayoría de los casos los factores protectores que brinda la espiritualidad fueron el mejor complemento a la ayuda brindada.

En la mayoría de los casos atendidos, pude notar que entre los principales factores protectores que brindaba la espiritualidad estaba: el sentido o propósito, el perdón, el agradecimiento, la oración, la esperanza y la fe. Puedo compartir algunos testimonios de personas que apoyados en estos factores protectores con que enfrentaron una situación particular en sus vidas, les permitió superar aquel trastorno o enfermedad. El 25/Feb/2012 me escribió una mujer de mediana edad diciendo:

"Le escribo este testimonio al email del Santuario porque no tengo su email personal, espero que usted sea el que lo lea. Le cuento que yo tenía mucha fe de que en la Montaña Santa iba a recibir sanación de mi depresión y que mi fe no estaba basada en lo que pudieran decir de la Montaña o el agua del manantial, lo que ahora no puedo dudar es que después de asistir a su oficina, a partir de ese momento un dolor profundo que me aquejaba desapareció. Además, quiero que usted sepa

que dentro de mis creencias había muchas cosas que yo no entendía y que luego de vivir esta experiencia y descubrir cómo me afectaba, pude comprender mejor todo lo que me había pasado. Dentro de todo lo que hablamos y de lo que pasaba por alto, pude ir descubriendo aspectos específicos que usted dentro de su preparación psicológica y espiritual podía interpretar o ir aislando para luego buscar de donde provenían. Si algo tengo que reclamar de eso es una cosa, aunque estuve de acuerdo con usted desde un principio, cuando me dijo "que para sanar debía revisitar aquellos momentos en que había heridas o dolor, para poder sanarlas", pero no me advirtió que dentro del proceso iba a llorar tanto. Gracias por ayudarme a sanar mis heridas. Ahora me siento mucho mejor".

Integración de la Espiritualidad

No solamente los líderes religiosos están haciendo un esfuerzo por integrar a sus distintos ministerios a los profesionales de la salud mental, sino que también todos los que queremos integrar la espiritualidad al campo de la ayuda profesional estamos llamados a vivir una espiritualidad más "encarnada" en la realidad cotidiana de nuestras vidas, tal y como lo plantea el escrito publicado en el Blog de Lena Bu[95], con la cual coincido en la mayoría de sus postulados:

"La espiritualidad es mirar a tu vecino y comprender que su mal humor es causa de su dolor, y no sentirte ofendido. Espiritualidad es que las cosas no salgan como tú deseas y aceptar que así ha de ser para tu aprendizaje. Espiritualidad es hacerte responsable de tus circunstancias, es no creerte la víctima, es no culpar a nadie de lo que te sucede.

95 https://lenabu.com/tag/espiritualidad/ (no pude confirmar si este escrito es original de Lena Bu).

Espiritualidad es vivir en la alegría, o en el silencio, o en el bullicio, o en la tormenta, o en la luz, o en la oscuridad, vivir lo que la vida te propone, sin pretender que sea otra cosa.

Espiritualidad es comprender que, si te enfermas, no solo hay que atender los síntomas físicos, sino también ver qué emociones no estás gestionando, y atender que lo que hace tu cuerpo es mandarte un mensaje.

Espiritualidad es caminar disfrutando de cada paso del camino, independientemente de lo que te suceda. Es atender las emociones sin identificarte con ellas. Es cuidar tus pensamientos y tus palabras. Es ser coherente y mantener la autenticidad en todos los ambientes y en todas las circunstancias.

Espiritualidad es abrazarlo todo. Es amar el mundo tal y como es, con todo lo que contiene. Sin juzgarlo, sin quejarte, sin poseer.

Espiritualidad es compartir, es estar en paz. Es dejar que cada uno viva como le plazca. Es comprender que nada es real y que, a la vez, hay que ser impecables a la hora de jugar la partida de la vida.

Y no hablo de religión, no hablo de dogmas, no hablo de pecados, no hablo de creencias, no hablo del bien y del mal, no hablo de iglesias, ni de maestros, ni de normas.

Hablo de lo que late cuando consigues parar y mirar hacia dentro, y te das cuenta de que no tendría sentido la vida, si solo fuéramos materia. Si solo estuviéramos aquí para pasar el rato. Si solo fuéramos un puñado de carne, de vísceras, de arterias. Si solo fuéramos un deseo atrapado en un cuerpo, sin un alma que anhela sentir de nuevo, el amor del que sin duda forma parte".

Apartándome un poco de la visión tradicional, te diría que durante las últimas décadas la espiritualidad se ha convertido en una especie de moda. Frecuentemente escuchamos o vemos en los medios de comunicación social o en las redes sociales que un artista o un cantante famoso hizo "un viaje de autodescubrimiento" a la India o al Tíbet donde convivió una corta temporada con unos monjes y que "regresó con una espiritualidad que se le nota a flor de piel" y que no hace más que hablar de que ahora es un ser más espiritual.

Realmente no estoy hablando de este tipo de espiritualidad, y hasta es un poco cansado para mí escuchar a estas personas decir que son espirituales y de que vibran desde el amor, cuando en sus acciones diarias no hacen más que figurar en sus redes sociales sacándose fotos haciéndose los que meditan (incluso si meditan) e intentando aparentar ser seres espirituales subiendo fotos con posturas de meditación.

Soy de los que piensan que no basta con hacer yoga o adoptar una postura de meditación para ser espiritual. Personalmente no creo en eso. Entiendo que la espiritualidad va más allá de un par de horas a la semana recostados en una esterilla. De nada sirve hacer 1 hora diaria de yoga al día si después nuestras acciones no son congruentes con la justicia, la paz, la armonía, el respeto a los demás, el amor al prójimo, etc. etc.

Para mí la espiritualidad va más allá de todo eso, además de sacar un espacio diario para orar, meditar, o reflexionar, es una forma de vivir conscientemente, una opción que hacemos en algún momento de nuestra vida de vivir en armonía con lo que creemos y hacemos, con la naturaleza, con nuestro propósito de vida y nuestra misión de transformar el mundo que vivimos, mientras mantenemos una relación positiva con nosotros mismos, con los otros y con el Otro.

A modo de conclusión

Los cinco mayores arrepentimientos de la gente antes de morirse

Quisiera ir concluyendo este libro, en estos tiempos de coronavirus del 2020 en los que la muerte ronda cercana a nuestra casa, con una reflexión personal sobre los aspectos esenciales de uno de los libros que más me ha impactado en los últimos años. Más que un libro es un testimonio de la enfermera australiana Bronnie Ware[96], quien trabajó durante décadas en lo que hoy se conoce como cuidados paliativos, dedicándose a los pacientes con enfermedades terminales que atendió durante los últimos momentos de su vida. A muchos de ellos los vio partir con el sentimiento de no haber podido cumplir en su vida terrenal aquellos anhelos más profundos.

Escuchando los lamentos de esas personas, la Sra. Ware logró sintetizar en cinco asuntos vitales que la gente antes de morir mira hacia atrás y se da cuenta que le quedan sueños por cumplir, asuntos pendientes y suele reprocharse por no haberlos vivido. Basado en ellos no quisiera que ni usted ni yo al final de nuestra vida tengamos que arrepentirnos de no haberlos convertido en una realidad.

Entre los arrepentimientos más habituales que estas personas confesaban a la Sra. Ware sobresalen los siguientes:

96 Ware Bronnie, 2013 "The Tope Regrets of the Dying", Publisher: Hay House. Australia. (En español sería algo así como "Los 5 principales arrepentimientos de los moribundos".

1. **Me arrepiento de no haber vivido una vida fiel a mí mismo, en lugar de la vida que otros esperaban de mí.**

Según Ware, este es el arrepentimiento más común, ya que muchas personas estudian una carrera porque es lo que quieren sus padres, de hecho, algunos escogen la misma carrera que practicaban o les gustaba a ellos. Otras se casan con personas que la familia les "condicionan" o simplemente para congraciarse con la aprobación de sus padres o del precepto social y no de quien realmente amaban, y otras personas no toman decisiones radicales en determinados momentos de la vida por el "qué dirán".

Cuando llegue "mi hora", sé que estaré tranquilo y sereno en este asunto porque he sido fiel a mis convicciones y no he regido mi vida "por el que dirán" sino por aquellos principios que conducen al servicio de los demás, la realización personal y la búsqueda incesante de la felicidad, tanto para mí como para los otros.

Este es uno de los asuntos vitales que he procurado vivir a lo largo de mi existencia, ser fiel a mis convicciones, por eso he tenido que tomar decisiones drásticas que a los ojos de algunos pudieran sonar radicales. Pero es un asunto de dignidad humana y de salud mental. Cuando sientas que lo que vives ya no te llena o alguien no te da el lugar que te corresponde como ser humano, como cristiano, como hijo de Dios, tú estás llamado a dártelo, así sea renunciando a seguridades personales, prestigio, honor, reconocimiento, etc. Con la firme convicción de que estás labrando tu felicidad y la de los tuyos.

2. **Me arrepiento de haber trabajado tan duro.**

Otro arrepentimiento muy común, y que forma parte de la vida de muchas personas, es que una buena porción de ella, la pasamos trabajando. En mi caso particular nunca la he tenido fácil y más bien puedo decir que desde muy joven me ha tocado trabajar duro. Primero porque ese fue el legado de mi padre, un incansable trabajador que hasta el día de hoy a sus 88 años lo sigue haciendo y dice que no va a parar hasta el día en que ya no pueda más o se muera. Pienso que cuando se hace lo que uno disfruta hacer, el trabajo deja de ser una carga pesada (aunque sea dura la labor desempeñada).

Ciertamente hay etapas de la vida (estudio y trabajo a la vez), momentos difíciles en los que el trabajo se vuelve gravoso y se desea salir corriendo de ese tipo de trabajo y en mi caso no ha sido la excepción.

También he tenido el privilegio de escuchar muchas historias en el mundo de la ayuda psico-espiritual donde he conocido personas que el trabajo que han ejercido a lo largo de su vida ha sido una auténtica pesadilla; durante muchos años, para colmo, ni siquiera les gustaba lo que hacían. Pero al tener pocas opciones de cambiar de trabajo se veían casi obligados a cargar ese yugo, restándole ese tiempo a su familia, amigos y hobbies. Si esta difícil realidad nos pesa en la vida; imagínese lo que puede pesar en el lecho de muerte.

Recuerdo el caso de Roberto (un joven adulto con aspecto de hombre de negocios) que un día me dijo, aquí donde me ves: "*Vengo de una familia pobre y trabajé muy duro durante muchísimo tiempo para tener lo que mis padres no pudieron tener. Una vez que lo he conseguido me doy cuenta de que en mi familia de origen no teníamos dinero, pero éramos felices y estábamos unidos, cosa que no he conseguido tener con mi propia familia*".

No es cuestión de "dejar de trabajar", porque no todo el mundo se puede dar ese lujo, la clave está en no convertir el trabajo en un fin, sino en un medio para lograr convertir aquellos sueños en una realidad, sin tener que hipotecar el alma, la vida y todo nuestro tiempo. El día que asumamos el trabajo como un medio para vivir, dejaremos de vivir para trabajar y comenzaremos a trabajar para vivir. Puede que hasta comencemos a disfrutar del duro trabajo que diariamente hacemos.

Cuando sintamos que el trabajo consume una gran parte de nuestro tiempo, podemos buscarle y encontrarle sentido o propósito a lo que hacemos. Decía el Dr. Viktor Frankl[97]:

> *Y yo me atrevería a decir que no hay nada en el mundo capaz de ayudarnos a sobrevivir, aun en las peores condiciones, como el hecho de saber que la vida tiene un sentido. Hay mucha sabiduría en Nietzsche cuando dice: "Quien tiene un porqué para vivir puede soportar casi cualquier cómo". Yo veo en estas palabras un motor que es válido para cualquier psicoterapia. Los campos de concentración nazis fueron testigos (y ello fue confirmado más tarde por los psiquiatras norteamericanos tanto en Japón como en Corea) de que los más aptos para la supervivencia eran aquellos que sabían que les esperaba una tarea por realizar.*

Cuando se actúa movido por un propósito, no hay trabajo grande ni difícil de hacer, aún aquello que puede resultar gravoso para los ojos de otro, para ti todo cobra sentido y propósito. Estoy de acuerdo con el conocido filósofo chino Confucio[98] que dijo: "Si eliges hacer aquello que te gusta, jamás trabajarás ni un sólo día de tu vida". La clave está en orientar tu vida o tu carrera profesional en aquello que te apasiona, que disfrutas hacer, de modo que cuando estás desempeñando la labor diaria, la puedas hacer con alegría y satisfacción.

3. Me arrepiento de no haber tenido el coraje de expresar mis sentimientos.

Algo que he podido experimentar tanto a nivel personal, como en el mundo de la ayuda, es que, a un buen número de personas, le resulta difícil expresar sus sentimientos; por asuntos culturales, a los hombres más que a las mujeres. Hemos sido socializados para guardarnos los sentimientos porque en lenguaje machista, hablar de ellos "es cosa de mujeres". No obstante, algunas mujeres también

97 Ibidem. Frankl, Viktor. El hombre en busca de sentido. p.81.

98 https://jeronicalafell.com/frase-celebre-confucio-trabajo/

han sido contagiadas por ese "virus" y se les hace difícil expresar sus emociones.

Cómo me hubiese gustado haber sido socializado con menos prejuicios de nuestra cultura; sin embargo, eso es algo difícil de evitar. Cuando tenemos la oportunidad de abandonar un poco esos prejuicios, nos damos cuenta de que sólo expresando nuestras emociones es que podemos sanarlas. No hacerlo significa ir enquistando un "nudo de sentimientos" que poco a poco nos van privando de disfrutar de una mayor intimidad con los seres amados y nos vuelven huraños ante los otros. Además, nos van alejando emocionalmente hasta de las personas más significativas de nuestra vida.

Según Ware, desde aquella vez que no dijiste lo que sentías a una persona cuando tenías 15 años hasta no decir lo que sientes ahora, para bien o para mal, a otra persona cuando tienes 40 o 50 años. Personas que se arrepienten de haber estado durante décadas con tirantez con su propia familia, con cierto grado de distanciamiento emocional y que a pesar de amarlos enormemente, nunca llegaron a reconciliarse del todo por no haber tenido el valor de hablar claro, de expresar lo que sentía.

De niño tengo el vivo recuerdo de un tío que por "boberías" o discusiones familiares se alejó de la mayoría de sus hermanos y hermanas, hasta de sus padres, luego se mudó a vivir al otro extremo del país y en varias décadas solo lo vi una vez con motivo de la muerte de mi abuela (su madre), cuando asistió al funeral lo pude observar como aquel cuasi extraño que llegó silencioso y distanciado del resto de la familia que estaba unida y solidaria en aquel momento de pérdida.

Fue muy triste observar cómo alguien se puede distanciar de esa manera. Cada vez que pregunté por él y su alejamiento físico y emocional, nunca obtuve una respuesta satisfactoria que tuviera sentido, al menos para mí.

Aquí es donde surge la pregunta ¿Cómo algo tan insignificante puede pesar tanto en el corazón de una persona?; lo cual es capaz de bloquear aquellos sentimientos más profundos por los suyos. Me imagino que él tendrá sus razones válidas para hacerlo y quién soy yo para juzgar. Estoy convencido que, si tuviéramos el valor para expresar los sentimientos que tenemos, muchos de estos distanciamientos físicos y emocionales desaparecerían como por arte de magia y no privaríamos a nuestros sobrinos, hijos, hermanos y demás familiares de disfrutar todo lo hermoso que la vida nos provee.

Cuando llegue el momento de mi partida, quisiera poder mirar hacia atrás y descubrir que fui capaz de expresarle a aquellas personas más significativas para mí, mis más profundos sentimientos, aunque algunas veces estos no sean los esperados, o sean solo para clarificar asuntos, para despejar dudas, resentimientos o malos entendidos. También para reconocerle al otro su aporte, lo importante que ha sido en mi vida y todo lo que ha significado para mí.

Como agente de ayuda, estoy completamente convencido que "hablando se entiende la gente", cuando tienes algo que decirles a los otros debes ser asertivo (es la capacidad de expresar emociones o sentimientos de manera honesta y adecuada, en el momento oportuno y respetando tanto los derechos personales como los de los otros). Además, si lo hacemos con la persona que corresponde y no con su cónyuge u otra persona, seguramente vamos a obtener el efecto deseado.

Amigo lector, no dejes de expresar asertivamente tus sentimientos porque seguramente vas a tener una mayor calidad de vida y llegado el momento final no vas a tener que lamentarte el no haberlo hecho antes.

Por eso, mi invitación es que nunca dejes de expresar sinceramente tus sentimientos, por mayores dificultades internas o externas que encuentre, recuerda que las emociones expresadas son las emociones superadas, y cuando lo hacemos con el firme deseo de ayudar a los demás, seguramente estamos contribuyendo a que las personas tengan una vida más plena, y no haya que arrepentirse cuando ya no hay tiempo para expresar esos sentimientos más profundos.

4. **Me arrepiento de no haber dedicado más tiempo a mi familia y/o amigos.**

En estos días de coronavirus he tenido la oportunidad de compartir por más tiempo y un espacio más prolongado con mis queridos padres. Como les relaté anteriormente, por asumir el "paquete completo" de ingresar a la vida consagrada como parte de la elección que hice hace más de 30 años, no había podido disfrutar de la presencia de los "viejos", ni siquiera cuando eran más jóvenes. Ahora, la vida me ha dado esta oportunidad y la estoy viviendo y disfrutando al máximo. También es cierto que había tenido el privilegio de compartir, esporádicamente, en algunos momentos significativos de mi familia de origen, tales como, bautismos, matrimonios, celebraciones especiales como las bodas de Oro de mis queridos padres y otros más, que me daban la sensación de no estar completamente ausente de sus vidas.

No obstante, eso no deja de ser un mero espejismo; porque cuando se vive en otro país y se asume los condicionantes de la vida consagrada por más incienso que le podamos echar, aceptémoslo o no, vivimos ausentes de muchos momentos especiales de nuestra familia de origen y de los amigos. Recuerdo que, al principio, solo te permitían visitarlos cada tres años, luego cada dos y varios años más tarde, por fin podías ir de vacaciones cada año (en ese tiempo tampoco existían las redes sociales ni la tecnología que hay ahora para estar al menos virtualmente presente).

Por ejemplo, cuando viví en República Dominicana, una simple carta podía durar hasta dos semanas para llegar a su destino y cuando te respondían inmediatamente había que esperar otras dos para recibir la contestación. Esto insoslayablemente hacía que estuvieras ausente de muchos eventos y acontecimientos familiares (muchos pequeños, pero otros más grandes y significativos). Por eso, ahora digo: -no más arrepentimientos, ni ahora ni en el futuro-, procuremos en la medida de nuestras posibilidades estar presentes en la vida de nuestros seres queridos y, seguramente, no nos arrepentiremos a la hora final.

Otro arrepentimiento muy común y que he podido palpar en el mundo de la ayuda es el señalado por Ware, que muchas personas no han visto crecer a sus propios hijos, no saben lo que es un día de esparcimiento con toda la familia junta. Recuerdo a un joven profesional que muy compungido me decía: -*"tengo dos hijos menores de 7 años y trabajo duro para darles lo mejor que puedo, por eso tengo dos trabajos, salgo de casa muy temprano cuando ellos no se han levantado y regreso muy tarde cuando ya están durmiendo*". Me relataba que en los fines de semana tenía tantas cosas pendientes que hacer en su hogar, que era muy poco el tiempo que le quedaba para dedicárselo a sus niños y a su esposa. Me decía, "esto no es vida, al menos no es la vida que había soñado para mi familia".

Efectivamente, hay personas que se arrepienten de no haberle dedicado el tiempo necesario a sus seres queridos, no haber mantenido el contacto con sus amigos de la infancia en el momento que tomaron caminos distintos en la vida. Mi experiencia me dice que no debemos dejar que el tiempo pase sin procurar dedicarle todo el tiempo que podamos a nuestros seres queridos. Especialmente con nuestros progenitores, no esperemos a que estén postrados en una cama para acompañarlos, porque ellos nos regalaron la vida; con ellos es con quien podemos contar en cualquier situación de la vida, positiva o negativa, porque sabemos que el amor está por encima de cualquier motivo o circunstancia.

Y por último:

5. Me gustaría haber sido más feliz.

Si algo tengo muy claro en estos últimos años que la vida me ha regalado, es que todavía no he llegado al nivel de felicidad que quiero alcanzar. Pero siento que voy por buen camino, especialmente cuando di comienzo a este proceso liberador y transformador que deseo que no sólo sea para mí, sino también para todo aquel que quiera mejorar su calidad de vida. Siento que he comenzado una larga andadura en esa dirección. Para ello he tenido que tomar algunas decisiones difíciles, y para algunos, un tanto arriesgadas: tales como cambiar de estilo de vida, abandonar la "estabilidad" de un trabajo para emprender un nuevo proyecto de vida, lo cual hace que la tarea se vuelva más arriesgada. Acaso ¿No es más arriesgado el hecho de que en tu lecho de muerte te arrepientas de no haber asumido ese riesgo sintiéndote un pobre infeliz?

Según Ware, en su trabajo de cuidados paliativos, se topó con muchas personas que habían tenido una existencia vacía, en la que con mucho esfuerzo procuraban buscar y rebuscar en el baúl de sus recuerdos para encontrar un sólo momento en el que no estuvieran presentes los problemas de dinero, desempleo, estrés laboral y un larguísimo etc.. Todo ello, sumía a aquellas personas en miserables pensamientos y sentimientos de arrepentimiento de no haber tenido, en su momento, el coraje para tomar decisiones vitales que le generaran una vida más feliz.

Por estas razones anteriormente señaladas, si esas personas que expresaron sus arrepentimientos en su momento final, pudieran retroceder en el tiempo, o sencillamente pudieran aconsejarnos... nos dirían algo así, como:

1. -Despréndete de tus miedos.
2. -No intentes complacer a todo el mundo.
3. -Rodéate de personas valiosas y evita las tóxicas.
4. -Disfruta todo lo que hagas y si no mejor no lo hagas.
5. -El dinero es importante, pero no es lo más importante. Haz algo por lo que sientas pasión.

El tiempo es lo más valioso que tenemos en la vida, ya que es lo único que nunca podremos recuperar una vez que lo hayamos perdido; así que compártelo sólo con personas que te aporten algo positivo.

¡Espero de corazón que esta reflexión personal que te he relatado de mis vivencias y la de otras personas, te ayude a vivir realmente la vida que quieres vivir!, la vida es corta, ¡lánzate a la aventura de crear la vida que tú crees mereces vivir! Sé feliz y cree en el AMOR.

Bibliografía

Andrés, Mateo (1987) "Puedo ser otro y feliz". Editora Amigo del Hogar. Sto. Dgo. República Dominicana.

Andrés, Mateo (1999). "El Hombre como Pensador", Editorial: Amigo del Hogar. Sto. Dgo. República Dominicana.

Biblia de Jerusalén (1984). Editorial Desclee de Brower. Bilbao, España.

"Carta encíclica Humanae vitae, (1968). (http://www.vatican.va/content/paul-vi/es/encyclicals/documents /hf_p-vi_enc_25071968_humanae-vitae.html)

Declaración Persona humana sobre algunas cuestiones de ética sexual. (2011). Congregación para la Doctrina de la Fe, (http://vidahumana.org/bk-vhi/vida-humana-internacional/item/893-declaraci%C3%B3n -persona-humana-sobre-algunas-cuestiones-de-%C3%A9tica-sexual).

De Mello, Anthony, (1982). El canto del pájaro. Sal Terrae, Santander.

De Mezerville, Gaston (2003) Madurez Sacerdotal y Religiosa. Publicado por el Consejo Episcopal Latinoamericano (CELAM). Bogotá, Colombia. Pags 31ss.

Díaz Reyes C. (2000) Tesis) Tesis doctoral: Exploración de la Resiliencia y los factores protectores ante la adversidad en Jóvenes Adultos Puertorriqueños. Estudio de casos. Universidad de Puerto Rico.

Diaz, D., Rodríguez-Carvajal, R., Blanco, A., Moreno-Jiménez, B., Gallardo, I., Valle, C., & Van

Dierendonck, D. (2006). Adaptación española de las Escalas de Bienestar Psicológico de Ryff. Psicothema, 18(3), 572-577.

Documento del Concilio Vaticano II, (1965). "Constitución pastoral Gaudium et spes sobre la Iglesia en el mundo actual", 47-52; Pablo VI. http:// www.vatican.va/archive/hist_councils/ii_vatican_council/documents / vat-ii_const_19651207_gaudium-et-spes_sp.html.

Fernando Caraballo, Protestantismo y Biblia. Soluciones Católicas a los problemas que plantean nuestros hermanos protestantes (1962). Buenos Aires: Ediciones Paulinas, pag.199.

Fordyce, Michael W. (1981). The Psychology of Happiness: A Brief Version of the Fourteen Fundamentals.

Frankl, Viktor. (2013), EL hombre en busca de sentido. 11ª ed. de la edición de 2004. Editorial Herder. Barcelona, España.

Fromm, Erick (2000), El arte de amar. Editorial Paidós. México (Edición 2000).

https://acento.com.do/opinion/conocete-a-ti-mismo-8379839.html

https://www.allentowndiocese.org/sites/default/files/2018-03/madurez.pdf

http://es.geocities.com/ sacravi rginitas/ascetas.htm (2006). Carlos Fuentes" ¿Qué significa Ascetismo?"

http://local.psy.miami.edu/ehblab/Religion%20Papers/spirituality%20 and%20health_george_larson_et%20al._JSCP.pdf

http://www.cisoc.cl/index.php/boletin- pastoral/2005/17-2005/84-sugerencias-a-unapastoral-para-los-sacerdotes.html

http://www.clerus.org/bibliaclerusonline/pt/hgj.htm

http://www.clerus.va/content/dam/clerus/Dox/02%20-%20Dimensi%-C3%B3n%20humana.pdf

http://www.crecimientopositivo.es/portal/wp-content/uploads/2012/09/imagen_psicologiapositiva1.png

http://www.enciclonet.com/articulo/concilio-de-letran/

http://www.padrejose.mx/apps/publication/p/?z=0&a=28

https://baptisthealth.net/sp/servicios-de-salud/care-counseling-services/paginas/default.aspx

https://dle.rae.es/bienestar?m=form

https://dle.rae.es/espiritualidad?m=form

https://dle.rae.es/religi%C3%B3n

https://g.co/kgs/JCBvey

https://gredos.usal.es/bitstream/handle/10366/76474/DES_Lopez_Herrera_H_Incidencia_del_sindrome.pdf;jsessionid=D7E36FF848D61331F-3359BEA132E3CF8?sequence=1

https://gredos.usal.es/bitstream/handle/10366/76474/DES_Lopez_Herrera_H_Incidencia_del_sindrome.pdf;jsessionid=D7E36FF848D61331F-3359BEA132E3CF8?sequence=1

https://jeronicalafell.com/frase-celebre-confucio-trabajo/

https://journals.openedition.org/polis/1802

https://lenabu.com/tag/espiritualidad/

https://proverbia.net/frases-de-felicidad

https://psicologiaymente.com/neurociencias/quimica-del-amor-droga-potente

https://psicologiaymente.com/reflexiones/frases-william-shakespeare

https://www.20minutos.es/noticia/2932326/0/sacerdotes-alemanes-piden-carta-fin-soledad-celibato/?autoref=true

https://www.aciprensa.com/recursos/credo-de-la-vida-222

https://www.bbc.com/mundo/noticias/2015/02/150209_vaticano_sacerdocio_celibato_wbm

https://www.bbc.com/mundo/noticias/2015/02/150209_vaticano_sacerdocio_celibato_wbm

https://www.cacatholic.org/sites/default/files/hope_and_healing-spanish.pdf

https://www.commonlit.org/es/texts/discurso-del-premio-nobel-de-la-paz-malala-yousafzai

https://www.costarica.org/es/parques-nacionales/

https://www.ecured.cu/II_Concilio_de_Letr%C3%A1n_(1139)

https://www.enriquemartinezlozano.com/una-busqueda-espiritual-creciente/

https://www.facebook.com/camilorodriguezenlostemplos2019/posts/554066101977009

https://www.facebook.com/escritorcamilorodriguez/posts/977806342336416/

https://www.infobae.com/america/mundo/2020/03/18/de-la-peste-negra-al-coronavirus-cuales-fueron-las-pandemias-mas-letales-de-la-historia/

https://www.nimh.nih.gov/about/directors/ thomas-insel/blog/2015/mental-health-awareness-month-by-the-numbers.shtml

https://www.pewforum.org/2012/12/18/global-religious-landscape-exec/

https://www.primerahora.com/noticias/puerto-rico/notas/somos-la-tercera-jurisdiccion-de-eeuu-con-mayores-problemas-de-salud-mental/

https://www.psicologia-online.com/las-5-etapas-del-amor-y-su-duracion-4907.html

https://www.religiondigital.org/secularizados-_mistica_y_obispos/Estadisticas-Sudamerica-enviadas_7_2158054202.html

https://www.scribd.com/document/360109085/306091206-Educacion-Para-La-Felicidad-Por-Michael-W-FORDYCE-pdf

https://www.ted.com/talks/robert_waldinger_what_makes_a_good_life_lessons_from_the_longest_study_on_happiness/transcript?__s=iwak7nabietb29i01fpx&utm_source=drip&utm_medium=email&utm_campaign=Training+gratuito+L2&utm_content=%C2%BFEs+para+ti+el+%28k%29no%28w%29madismo+digital%3F#t-452474.

https://www.ted.com/talks/robert_waldinger_what_makes_a_good_life_lessons_from_the_longest_study_on_happiness/transcript?__s=iwak7nabietb29i01fpx&utm_source=drip&utm_medium=email&utm_campaign=Training+gratuito+L2&utm_content=%C2%BFEs+para+ti+el+%28k%29no%28w%29madismo+digital%3F#t-452474.

https://www.ted.com/talks/robert_waldinger_what_makes_a_good_life_lessons_from_the_longest_study_on_happiness/transcript?__s=iwak7nabietb29i01fpx&utm_source=drip&utm_medium=email&utm_campaign=Training+gratuito+L2&utm_content=%C2%BFEs+para+ti+el+%28k%29no%28w%29madismo+digital%3F#t-452474

"https://www.telam.com.ar/notas/201910/403485-obispos-proponen-al-papa-ordenar-sacerdotes-a-hombres-casados-en-la-amazonia.html"

https://www2.uned.es/intervencion-inclusion/documentos/Documentos%20interes/Saramago.pdf

https://www.univision.com/miami/padre-alberto-no-falle-en-el-amor-falle-en-el-cumplimiento-de-una-norma-eclesiastica

El Visitante, Periódico Católico. 14 de agosto de 1993, p. 18.

Ken, Wilber (2008). Espiritualidad Integral: El Nuevo Papel de la Religión en el Mundo Actual. España.

Lozada Montañez, Militza, (2010). Un siglo de historia, mitos, creencias y tradiciones religiosas de la Montaña Santa: 17. Santo Domingo, República Dominicana, Amigo del Hogar. P. 53

Lichter, S., Haye, K., & Kamman, R. (1980). Increasing happiness through cognitive retraining. (https://www.psychology.org.nz/journal-archive/PSYCH-Vol92-1980-2-Lichter.pdf)

Molina Ciara. (2014) Emociones expresadas, emociones superadas. Edit. Planeta. México.

New Zealand Psychologist, 9, 57-64.

Porras, Nolasco (2015), Investigación: I'M HAPPY Psicología Positiva. México.

Reyes, Jaime (1992). La Santa Montaña de Puerto Rico. El misterio de Elenita de Jesús. Impreso en México.

Santaella Rivera, Esteban, (2003). Historia de los Hermanos Cheos. Recopilación de escritos y relatos: 74, 182-185

Silva Gotay, Samuel, (1997). Protestantismo y política en Puerto Rico 1898- 1930: hacia una historia del protestantismo evangélico en Puerto Rico, Río Piedras, P. R., Editorial de la Universidad de Puerto Rico.

Schwartz, Stuart B. (1992). «El huracán de San Ciriaco: Desastre, política y sociedad en Puerto Rico 1899-1901» en Historia y sociedad, año 5, 1992: 128-162.

Ryff, C. D. (1989). Happiness Is everything, or is it? Explorations on the meaning of psychological well-being. Journal of Personality & Social Psychology, 57(6), 1069-1081

Ryff, C. D., & Keyes, C. L. M. (1995). The structure of psychological well-being revisited. Journal of Personality & Social Psychology, 69.

Sordo, Pilar. (2015). Bienvenido dolor, Editorial: Ediciones Paidós.

Ware, Bronnie (2013) "The Tope Regrets of the Dying", Publisher: Hay House. Australia.

Warren, Rick (2003) Una vida con propósito. Editorial Vida. Miami, Florida. USA.

Apéndice # 1
Breve historia y vida del Santuario Virgen del Carmen (Montaña Santa)

El artículo publicado en el 2010 en la extinta Pag. Web. del Santuario (www.santuariopr.org) comenzaba diciendo que tuve que pasar varios años y escuchar muchas versiones de la historia del lugar, unas sencillas, otras inverosímiles o fantásticas, algunas ingeniosas y otras más reales, para tener una idea más clara de lo que realmente pasó en este maravilloso lugar, que cuenta con una de las historias más fascinantes que he podido escuchar.

A pesar de que el santuario había sido consagrado oficialmente a la Virgen del Carmen, en el año 1985, como patrona de este. Había entre los feligreses asiduos al lugar una serie de relatos apócrifos y se escuchaban continuos comentarios "sotto voce", acerca de la duda si Nuestra Sra. del Carmen era la verdadera patrona o era "Vuestra Madre" o "Madre Elenita" como otros le llamaban. Para la institución eclesial (Diócesis de Caguas no había ninguna duda), incluso había un mandato expreso del Obispo, de enseñar una sana doctrina en aquel lugar.

No obstante, durante años me hice las mismas preguntas que algunos feligreses se hacían: ¿Qué fue lo que pasó en aquella Montaña? ¿Quién fue la mujer que vivió ahí durante casi nueve años, popularmente conocida como la Madre Elenita? ¿Cuál es su identidad? ¿Qué hizo de extraordinario esa persona?, que hace más de 100 años que vivió ahí, aún se sigue hablando de ella. ¿Por qué en el año 1985 el Obispo de Caguas Mons. Enrique Hernández transformó este lugar en un Santuario Mariano? Tardé varios años para recopilar los datos suficientes para poder escribir este artículo. He aquí un pequeño resumen de la historia de este santo lugar.

Podríamos decir que todo comenzó a partir de la invasión norteamericana a Puerto Rico en el 1898. En ese año, Estados Unidos le declara y le gana la guerra en sus territorios a España, y como botín de guerra se queda con las Islas de Cuba, Guam, Puerto Rico y las Filipinas. El 25 de julio de 1898 el ejército hace su entrada triunfal por distintos puntos de la Isla y prácticamente se dan un paseo ante la poca resistencia de la armada española y realizan la toma de posesión de los distintos pueblos de la Isla, de este modo los estadounidenses le arrebatan la Isla del encanto a la corona española. En el tiempo récord de 19 días las tropas norteamericanas se hicieron del control de toda la isla. El 10 de diciembre de ese mismo año se firma el Tratado de París entre Estados Unidos y España: mediante el cual Puerto Rico pasa a ser territorio estadounidense.

Para esa época, los sacerdotes (escasos en número) y mayoritariamente de origen español, con el cambio de soberanía disminuyeron considerablemente, ya que dejaron de recibir el sostén económico del gobierno español, y el pueblo puertorriqueño, especialmente en los campos o áreas rurales, se vieron sumidos en la pobreza. Los campesinos no tenían la costumbre ni los recursos para sostener a sus sacerdotes que mayoritariamente regresaron a España dejando abandonados a su suerte a los puertorriqueños católicos, especialmente en la zona rural donde había mayor pobreza. Ya que los pocos sacerdotes que quedaban, se concentraron en la atención de las ciudades.

1899: Surgimiento de los laicos predicadores[99]: Casi como una reacción espontánea ante la necesidad de sacerdotes, especialmente en sectores menos poblados y en algunos pueblos pequeños de la Isla, fueron surgiendo personas movidas por el Espíritu (la mayoría no sabían leer ni escribir), que después de rezar el rosario le

99 Silva Gotay, Samuel, 1997. Protestantismo y política en Puerto Rico 1898- 1930: hacia una historia del protestantismo evangélico en Puerto Rico, Río Piedras, P. R., Editorial de la Universidad de Puerto Rico.

predicaban de forma llana y sencilla a la gente, entre las que podemos citar: La Hermana Eudosia en Quebradillas, Los Hnos. Cheos[100] en Utuado y Arecibo, Casimira La Salle (Cacha) en el Bo. Guajataca de Quebradillas, la Hermana Juana en Juana Diaz, y la Madre Elena Huge en San Lorenzo.

1899: Elena Huge o la Madre Elenita[101]: Sobre su vida y su historia se han tejido varias versiones a través de los años. Existen varias teorías acerca de su identidad. Según cuenta la tradición más difundida ocurrió durante el Huracán San Ciriaco[102] que azotó la Isla a principios de agosto de 1899, una joven naufraga, aferrada a una tabla llegó a las costas de Yabucoa (el 8 de agosto de 1899), luego sube por la vera del río hasta un lugar conocido como "La Peña", o "La Santa Peña", ubicada en la parte alta del Bo. Espino de San Lorenzo (sector: Morenas); en donde pernocta por alrededor de un año (vivió en una pequeña cueva, bajo una gran piedra o "peñón" que tiene un área donde se podía guarecer del sol y la lluvia, el cual tomó como su morada)[103].

Otra versión acerca de su origen la da Fortuño Sellés[104], quien afirma que "Vuestra Madre" fue una persona un tanto misteriosa para la gente de San Lorenzo. Él plantea la teoría de que ella fue una niña huérfana que fue recogida en una casa de beneficencia que tenían las Hijas de la Caridad (San Vicente de Paul) en Humacao. Dice que no está muy seguro si sólo fue una residente de dicho centro o llegó a estar en el proceso de formación de dichas religiosas. Lo cierto del caso es que el Sr. Sellés se apoya en este argumento para decir que

100 Santaella Rivera, Esteban, 2003 Historia de los Hermanos Cheos. Recopilación de escritos y relatos: 74, 182-185

101 Ibidem, Santaella Rivera, 2003: xiii, 71, 78, 102 y 142

102 Schwartz, Stuart B., 1992. «El huracán de San Ciriaco: Desastre, Política y sociedad en Puerto Rico 1899-1901» en *Historia y sociedad*, año 5, 1992: 128-162.

103 Reyes, Jaime M. F., 1991. *La Santa Montaña de San Lorenzo, Puerto Rico, y el misterio de Elenita de Jesús (1899-1909)* México.

104 Fortuño Sellés, Ramón, «Elena Ache "Vuestra Madre"» en *El Mundo*, 19 de junio de 1935, 9 y 15

esta era la razón por la que ella adquirió una sólida formación religiosa que años más tarde le permitió desarrollar su labor evangelizadora.

No muchos se cuestionaban, ¿quién era aquella enigmática joven? **El nombre oficial de ella aparece en el único documento histórico con que se cuenta: su acta de defunción** que se conserva en el Municipio de San Lorenzo, del cual se conserva una copia fiel del original, en la que dice que se llamaba "**Elena Huge hija de Emilio Huge**, no se le conocen hijos, hermanos ni demás familiares". Además, dice que murió de debilidad general el día 29 de septiembre de 1909.

Según los relatos de los lugareños, cuando ella estaba viviendo en aquella "Peña", es cuando comienza su labor catequizadora y evangelizadora ganándose el cariño y el respeto de los campesinos del lugar, a tal grado, que unos meses más tarde le construyen en lo alto de la Montaña una casita de madera trepada en "tocones" o basas como era lo propio de su tiempo, en donde vivió hasta el día de su muerte.

No cabe duda, que aunque se sabe poco del origen y de los datos históricos de Elena Huge, mejor conocida como la Madre Elenita o "Vuestra Madre" (algunos testigos oculares afirmaron que ella así le gustaba que la llamaran), cuando llegó al Bo. Espino de San Lorenzo contaba con alrededor de 25 años, era una joven, soltera, católica, de unas profundas convicciones religiosas, con unos conocimientos de la Iglesia y su doctrina muy superiores a los moradores del lugar, lo cual le permitió ser rápidamente reconocida como una predicadora muy carismática, a donde acudían los campesinos a escuchar sus enseñanzas. No solo evangelizó, sino hasta alfabetizó, creando una especie de escuela de niñas a las cuales catequizó y les enseñó no sólo a rezar sino también a leer y a escribir y a realizar algunas labores manuales propias de las mujeres de su tiempo, como bordar y tejer.

Elena Huge con el paso del tiempo fue conocida con diversos nombres siendo los más populares: La Madre Elenita, Vuestra Madre, Elenita de Jesús o **hermana Elena; igual como le llamaban a**

las predicadoras de su tiempo. Sin embargo, su obra trascendió el tiempo y el espacio porque ella no sólo predicó, catequizó y evangelizó en la Montaña Santa, sino que desplegó una labor de evangelización en los pueblos circunvecinos: en varios barrios de San Lorenzo, Cayey, Patillas, Arroyo, Guayama, Yabucoa, y algunos dicen que predicó hasta en el Bo. Beatriz y el Bo. San Salvador de Caguas[105].

No existe punto de comparación con ninguna otra predicadora de esta región, la Madre Elenita desarrolló una extraordinaria labor de evangelización, de enseñanza de las bases de la fe, preparación para recibir algunos sacramentos (bautismo, primera comunión y matrimonio), de las tradiciones católicas, especialmente, de la devoción a la Virgen María (difundió el rezo del Santo Rosario), algunos dicen que usaba frecuentemente el hábito marrón o café de la Virgen del Carmen. Esta fue otra de las razones por las cuales la gente sencilla solía identificarla con la misma Virgen.

Durante aquellos años de principios del siglo XIX desplegó una labor de evangelización que trascendió su tiempo y el lugar; dejando una huella tan profunda que años después la gente de los pueblos circunvecinos tomaron espontáneamente la costumbre de subir a la Montaña donde vivió la "santa" a orar, a buscar agua del Manantial donde ella se abastecía y que ella llamaba "bálsamo"; dando origen a una larga tradición que aún más de medio siglo después continuaba viva, especialmente durante la Semana Santa, en las que los lugareños subían a la Montaña a escuchar la prédicas de la Madre Elenita, práctica que aún hoy un siglo después se conserva intacta y su popularidad ha crecido en toda la Isla, especialmente desde que este lugar fue transformado en Santuario Mariano por Mons. Enrique Hernández, obispo de Caguas, el año 1985.

Al principio, durante las primeras seis décadas no hubo mucho culto al "personaje" de la Madre Elenita, éste se fue creando con el pasar de los años ayudado por su logros evangelizadores (que años

105 Ibidem. Reyes, Jaime M. F., 1991: 32-47

posteriores le granjearon el título popular de la "santa") y por una serie de circunstancias que confluyeron en ella, que le constituían en una persona singular: no se le conocía familiares cercanos, el nombre y apellido de la madre, así como su lugar de origen o procedencia, no se le conocía hermanos o hijos y en el acta de defunción sólo se habla de su padre quien se llamaba "Emilio Huge y que murió de debilidad general". Todas esas circunstancias han ayudado a que se formara un halo de misterio alrededor de esta mujer especial que vivió ahí en aquella Montaña. Lo cual posteriormente ha dado pie a toda clase de interpretaciones.

Aunque alrededor de su muerte se han tejido muchos "mitos", la verdad es una muy llana y sencilla, la Madre Elenita murió tal y como vivió: de una forma humilde, sencilla, natural, sin hacer mucho ruido porque el bien no hace ruido y ella vivió haciendo el bien. Sus discípulos, cuando se enteraron de su defunción acudieron al pueblo de San Lorenzo para avisar y poder levantar el cadáver y luego poder organizar el entierro. En esa época no había "juez de paz" en San Lorenzo. Hubo que acudir a Caguas y facultaron al Lcdo. Carlos Buitrago, abuelo del Diac. Carlos Buitrago (quién sirvió varios años en el Santuario), para que procediera de acuerdo con la ley vigente de esa época. El Lcdo. Buitrago certificó que había muerto el 29 de septiembre de 1909 y fue sepultada el 1 de octubre de 1909 en el Cementerio de San Lorenzo.

Lo que se presume es que fue enterrada como era la costumbre de la época en una tumba o fosa de tierra en el cementerio viejo de San Lorenzo, en donde se colocó una cruz de madera y con el paso del tiempo y los años esta se fue pudriendo, se cayó y desapareció. Lo cual es indicador que al principio durante los primeros 60 años no hubo ningún culto a su persona sino un reconocimiento espontáneo a su gran obra de evangelización. La gente buena y sencilla de los lugares circunvecinos acudían a aquel cerro, a aquella montaña donde vivió "la Santa" a orar y a buscar agua del Manantial, dando origen a la historia de "La Montaña donde vivió la Santa". Con el paso del tiempo, el nombre se simplificó en "Montaña Santa".

A principios del siglo XX, los lugareños construyeron una pequeña capilla de madera, algunos dicen que fue mandada a hacer por la Madre Elenita, esta capillita por décadas pasó desapercibida para la jerarquía de la Iglesia, pero no para la gente sencilla y humilde de los alrededores que subían a aquel lugar a orar, especialmente durante la Semana Santa y que para ellos simplemente era el lugar donde había vivido "la Santa". En resumen, se han construido tres capillas a lo largo de un siglo, las primeras dos de madera y la actual capilla en cemento, la cual fue consagrada el 29 de septiembre de 1985 , cuando se inauguró y se le llamó oficialmente por primera vez "Santuario Diocesano Virgen del Carmen" por Mons. Enrique Hernández Rivera, Obispo de Caguas.

De 1909 hasta 1979 (70 años), la capilla de la Montaña Santa era la más distante de la Parroquia Las Mercedes, para esa época dirigida por los Padres Redentoristas desde el 14 de noviembre de 1946 hasta hoy día.

Uno de los sacerdotes Redentoristas que por décadas atendieron la Montaña Santa, fue el P. Rafael ("Felo) Torres Oliver, CSSR quien tiene uno de los testimonios más valiosos sobre la vida e historia del lugar; según él mismo afirma[106] que fue enviado a San Lorenzo en el año 1966 y luego fue elegido como Vicario de Pastoral en la Diócesis de Caguas, comenta que los Padres Redentoristas ofrecían servicios religiosos en la Montaña Santa (una misa al mes), y atendían el lugar de una manera especial durante la Semana Santa, por motivo de que llegaba mucha gente durante esos días, según él mismo cuenta que tuvo el privilegio de atender de manera directa este lugar desde 1975 hasta el 1980, (antes de que llegara el P. Jaime Reyes al lugar) especialmente durante la Semana Santa.

106 Según testimonio verbal del P. Rafael (Felo) Torres Oliver, del cual guardo gratos recuerdos.

Según el testimonio del P. Rafael ("Felo") Torres Oliver[107], CSSR, quien afirma que su interés por el lugar surgió luego de conocer unos campesinos puertorriqueños que estaban trabajando en los campos de Stamford, New York, cuando era estudiante de teología durante los meses de julio y agosto de 1962. Su testimonio lo había dejado muy edificado por la fe tan sólida que vivían aquellas personas y cuando investigó, ellos le dijeron que eso se debía a que eran descendientes directos de los discípulos de la Madre Elenita y que a ella le debían parte de su fe. Cuenta el P. Torres que, motivado por ese testimonio, cuando regresa a Puerto Rico en el 1966 decide visitar la Montaña Santa por primera vez:

> "*Cuando llegué a Puerto Rico en el 1966 subo a Espino y de Espino subo a pie, subí solo. Fue un encuentro precioso con Dios... Porque era esa naturaleza, la belleza de esas montañas, la inmensidad de ese cielo, de ese caminar subiendo a esa montaña desconocida para mí. Siguiendo la tradición de unos hombres, antes que habían subido y sus abuelos y sus antepasados habían subido porque allí había en esa Montaña una mujer que predicó y enseñó el Evangelio y enseñó a amar a Dios. Por eso subí y cuando subí allá arriba después de un largo caminar por un sendero me encuentro que allí había un viejecito su nombre era Luis González una capilla rústica y una casita muy pobre al lado y en esa casita vivía un señor de más de 80 años. Él me contó que había sido uno de los discípulos de ella, uno de los guardianes de ella, de Elenita y entonces vuelvo a encontrar lo mismo que en aquellos hombres emigrantes en Estados Unidos. Esa misma fe sólida y una cierta alegría con las cosas de Dios, una dulzura ante el amor de Dios. Ante el amor de la Virgen. Una profunda, profunda sensibilidad ante las cosas de Dios y me contó como él pues vivió ahí como discípulo de ella. Su trabajo era cuidar el lugar y estar preparando cuando subían las peregrinaciones de Patillas o Guayama o Cayey o San*

107 *Para ese tiempo (1966), la "Montaña Santa" era una capillita de la Parroquia Nuestra Señora de las Mercedes de San Lorenzo, atendida por los Padres Redentoristas.* (Testimonio verbal del P. Rafael Torres, 2009).

Lorenzo y preparar los lugares para que la gente fuera a escuchar la prédica[108]*. (Lozada, 2009).*

Según el testimonio del Padre "Felo" Torres, la primera investigación que se hizo sobre la Madre Elenita fue la que le encomendó el primer Obispo de Caguas Mons. Rafael Grovas a él, siendo Vicario de Pastoral de la Diócesis en abril de 1966. Por lo que procedió a entrevistar a algunos de los discípulos/as ya muy ancianos, entre ellos menciona a (Luis González de 83 años) que todavía vivían en los alrededores de la Montaña Santa y que habían conocido a la Madre Elenita. Como fruto de esa investigación encontró que ellos mantenían una fe sólida y comprometida gracias a las predicaciones y enseñanzas de la "santa".

El P. "Felo" Torres afirma que al principio cuando él llegó a la Montaña Santa "no había ninguna dificultad con la tradición de la religiosidad popular de los peregrinos que por décadas habían visitado el lugar. Esto era un legado que habían recibido de forma oral y que se trasmitía de generación en generación hasta llegar a formar parte de sus creencias y su religiosidad popular. Dice que había algunos pocos ancianos que confundían a la Madre Elenita con la Virgen María, pero la inmensa mayoría de la población, especialmente las personas con un poco más de formación religiosa: las monjas, los religiosos y los sacerdotes descendientes de los discípulos de ella, creían que había sido una extraordinaria mujer laica, una catequista, una "santa", una gran mujer que se había adelantado a los tiempos y había desplegado una gran labor de evangelización no sólo en la Montaña sino también en los pueblos circunvecinos" (entrevista realizada al P. "Felo" Torres, 2009).

Es a partir de 1972 cuando el Obispado de Caguas toma un mayor protagonismo en la Montaña Santa, adquiriendo en propiedad parte de los terrenos del lugar, los cuales fueron donados un tiempo

108 Lozada Montañez, Militza, 2010. *Un siglo de historia, mitos, creencias y tradiciones religiosas de la Montaña Santa*: 17., Editorial Amigo del Hogar. Santo Domingo, República Dominicana.

antes por Don Juan Berríos Vázquez y Felicita Guzmán. Así lo testimonia la escritura No. 378 del Registro de la propiedad de Caguas, que está fechado el 20 de diciembre de 1972. A partir de 1973 Mons. Grovas ve la urgente necesidad de enviar a un sacerdote casi a tiempo completo para que atienda la Montaña Santa, y así es como llega el Padre Juan Roldan Coss a quien se le encarga atender el lugar de una manera más asidua y lo hace hasta el año 1976. Sin embargo, según el mismo P. Roldan debido a otras tareas pastorales, tuvo que ceder estas responsabilidades de nuevo a los Padres Redentoristas quienes vuelven a brindar una asistencia mensual desde 1976 hasta 1982, cuando Mons. Enrique Hernández le encarga la atención del lugar al P. Jaime Reyes (sacerdote Benedictino y primer Rector).

¿Cómo y cuándo "La Montaña Santa" se convierte en Santuario Mariano?

1982 - 1992 Periodo de la Rectoría del P. Jaime Reyes, OSB.

A partir del año 1982 se vivió una de las épocas de mayor esplendor del lugar con la llegada del P. Jaime Reyes (actual sacerdote y monje Benedictino), quien a partir de ese momento desarrolló una pastoral mariana extraordinaria en este lugar, consiguiendo que tres años más tarde el Obispo de Caguas (Mons. Enrique Hernández), lo declare como "Santuario Mariano".

El P. Reyes es un extraordinario sacerdote con grandes carismas que fomentó desde el primer momento la devoción mariana en la Montaña Santa y logró en pocos años con la ayuda de la feligresía (fieles católicos que se acercaban al lugar) el desarrollo de la mayor parte de la infraestructura del lugar (Nueva capilla de cemento, casa y oficinas del sacerdote, un convento de madera para una congregación religiosa femenina, la casita "Vuestra Madre", el Viacrucis, ranchitos para los peregrinos y unas facilidades acogedoras en el Manantial).

El periodo del P. Reyes está marcado por una temporada histórica de luces y sombras. Así como consiguió posicionar a la Montaña Santa como uno de los lugares más visitados por los/as peregrinos/as católicos/as de PR, especialmente a finales de la década del 80. También se le señala que "se le fue la mano" en fomentar algunas doctrinas erróneas y prácticas religiosas que rayaban con el fanatismo religioso. En un estudio que se hizo recientemente (Lozada, 2009), entrevistó a cuatro sacerdotes que habían sido Vicarios de Pastoral (P. Rafael Torres, CSSR, P. Oscar Rivera, P. Feliciano Rodríguez y el P. José Dimas Soberal (Diócesis de Arecibo), todos coincidieron en afirmar que con la llegada a la Rectoría del P. Jaime Reyes provocó varios cambios en la concepción del lugar, ellos señalaron algunos aspectos negativos tales como: tergiversar la historia y la religiosidad popular del Santuario, como por ej. la influencia que ejerció al identificar a la "santa" con la misma Virgen María, en fomentar una fe intimista, milenarista, fomentar prácticas inadecuadas, citamos[109]:

> "Todos los sacerdotes entrevistados tienen un conocimiento del lugar antes, durante y después de la Rectoría del P. Reyes. Ellos describen con admiración y respeto, la fe de los peregrinos, como una fe admirable, bien fundamentada y enfocada, antes de que el P. Reyes fuese Rector del lugar. Hablan tristes y desanimados de la tergiversación de la fe de los peregrinos que llegaban al lugar, de los comportamientos poco comprometidos con la iglesia de las personas que iban al santuario, de la confusión, de la fe basada en apariciones y fuera de enfoque mientras estuvo el P. Reyes como Rector del Santuario".

Todas estas teorías y doctrinas del P. Reyes aparecen reflejadas en un controversial libro que publicó el año: 1992, titulado: "*La Santa Montaña de Puerto Rico, El misterio de Elenita de Jesús" (1899-1909).* Se formó una gran controversia a raíz de la publicación del libro a

109 Ibidem. Lozada M. M. 2010. *Un siglo de historia, mitos, creencias y tradiciones religiosas de la Montaña Santa*: P. 53

tal grado que el Obispo de Caguas tuvo que mandar a quemar todos los libros impresos y procedió a remover inmediatamente al P. Reyes de la rectoría del Santuario debido a los errores doctrinales que luego Mons. Enrique Hernández (Obispo de la Diócesis de Caguas) señalaría en un artículo publicado en el Periódico Católico "El Visitante"[110], *donde aclara que el libro* fue retirado de circulación por los siguientes errores señalados:

1. "Entre los errores de dicha publicación podemos encontrar la metodología utilizada y citas de libros de la escritora María Valtorta para justificar opiniones del autor. Estos libros son una especie de novela religiosa y no tienen aprobación eclesiástica; por supuesto no son doctrina de la Iglesia. Entre los errores teológicos de carácter cristológico-soteriológico está el llamarla "Madre redentora". Solo Cristo es el Redentor de toda la humanidad."

2. "En la obra el autor presenta que el Espíritu Santo se "materializó". La Iglesia nunca ha enseñado eso. Por otro lado, se da un valor e interpretación ligera cuando se hace referencia al derramamiento de sangre ocurrido durante la muerte de la madre Elenita. Todo ello puede tener una explicación natural, pero nunca puede interpretarse lo ocurrido como que sin esa sangre no estuviéramos redimidos."

3. "Sus testimonios han sido tomados como indiscutibles, sin dejar los mismos al estudio y crítica de los expertos en esas materias para futuras intervenciones. Tampoco olvidemos que las "revelaciones privadas" no son escudos para aceptar cosas ligeramente y para dar por cierto nuestros puntos de vista.

110 *El Visitante*, 14 de agosto de 1993, p. 18.

1992-2002 Periodo de la Rectoría del P. Edward Santana, J.C.D.

Ante la controversia surgida con el P. Jaime Reyes, intervino el Delegado Apostólico del Vaticano, en aquel entonces, Mons. Baldelli, quien solicitó a Mons. Enrique Hernández que se hicieran unos cambios en el Santuario. En el año 1992 se nombró como nuevo Rector del Santuario al P. Edward "Eddie" Santana J.C.D. sacerdote diocesano especializado en Derecho Canónico y Vicario General de la Diócesis de Caguas a quién se le confirió la misión de corregir y clarificar cualquier tipo de confusión o tergiversación que hubiese en el lugar acerca de la doctrina, vida y misión del Santuario Virgen del Carmen. Que tenía como objetivo primordial implementar el plan pastoral de la Diócesis y ofrecerle a los/as peregrinos/as un encuentro personal con Cristo a través de María.

Según testimonios de personas que vivieron este periodo, el P. Santana desarrolló una difícil labor pastoral que se extendió a lo largo de los casi 10 años que duró su rectoría para poder clarificar la devoción mariana en el lugar y conseguir encausar la devoción mariana del Santuario. Sin pasar por alto todas las dificultades que tuvo que afrontar durante su rectoría. Ya que contó con la oposición de un buen grupo de personas que se mantenían fieles a la doctrina y enseñanzas que el P. Reyes había difundido en la década anterior. El P. Santana fue removido de su servicio pastoral en mayo del 2002 por supuestas acusaciones de conducta impropia, por parte de una feligrés y en agosto del 2002 asumí la dirección del Santuario.

2002 en adelante - Periodo **de la Rectoría de este servidor,** que duró por un espacio de 12 años hasta que tomé la libre decisión de dejar el Santuario porque entendía que mi ciclo en aquel lugar ya se había cumplido. Agradezco profundamente a todas aquellas personas (no quiero citar nombres para no excluir a nadie) que colaboraron generosamente en todo lo que estuvo a su alcance para que la labor pastoral se pudiera realizar fecundamente. Muchas gracias a todos y todas.

Made in the USA
Middletown, DE
26 October 2021

51036749R00135